Jennie Allen
Entmachte die Lügen in deinem Kopf

Über die Autorin

Jennie Allen ist eine mehrfach ausgezeichnete Autorin, Theologin sowie Gründerin und Leiterin der „IF-Bewegung", die Treffen organisiert, um Frauen zu schulen und das in ihnen steckende gottgegebene Potenzial einzusetzen. Sie hat am theologischen Seminar von Dallas Theologie studiert und lebt mit ihrem Mann und vier Kindern in Austin, Texas.

JENNIE ALLEN

Entmachte die Lügen in deinem Kopf

So entkommst du der Abwärtsspirale negativer Gedanken

Aus dem Englischen von Renate Hübsch

INHALT

Für den Mann, der mich immer wieder auf den Teppich holt.

Zac Allen, du rettest mich immer wieder vor mir selbst
und richtest mich auf Jesus aus.
Ich liebe dich und ich mag dich.

*

Lasst euch von Gott verändern,
damit euer ganzes Denken neu ausgerichtet wird.
Römer 12,2

Teil I

IMMER DIESE GEDANKEN

NACHDENKEN ÜBER DAS DENKEN

„Alles menschliche Denken nehmen wir gefangen."

Angeblich gibt es zwei Gründe, warum jemand ein Buch schreibt: Entweder ist der Autor ein Experte für das Thema, oder das Thema beschäftigt den Autor so sehr, dass er verzweifelt nach einer Antwort sucht und dafür Jahre investiert. Ich bin definitiv eine Autorin vom Typ zwei.

Heute Morgen bin ich mit der Absicht aufgewacht, dir zu schreiben. Doch dann dachte ich, *zuerst muss ich Zeit mit Gott verbringen.* Was habe ich also gemacht? Ich habe zum Handy gegriffen. Dabei fiel mein Blick auf eine Mail zu einem Thema, an dem ich gerade arbeite. Weil der Absender etwas von „konstruktiver" Kritik schrieb, beschloss ich, das Handy aus der Hand zu legen, als etwas anderes meine Aufmerksamkeit auf sich zog… und ehe ich mich's versah, war ich unterwegs auf Instagram und studierte die rauschenden Erfolge anderer, mit denen meine Arbeit natürlich nicht mithalten konnte.

Nach ein paar Minuten am Handy beschloss ich, dass ich als Autorin völlig unfähig bin und dass ich überhaupt nichts zu sagen habe. Ich rutschte direkt in eine gedankliche Abwärtsspirale Richtung Entmutigung.

Dann kam mein Mann Zac ins Zimmer. Im Gegensatz zu mir war er glücklich, denn er war gerade Gott begegnet, und ich blaffte ihn an. Damit beschleunigte sich meine Abwärtsspirale und meine Gedanken wurden immer chaotischer. In nur einer knappen Stunde hatte ich mich selbst abgewertet, meine ganze Arbeit kritisiert, beschlossen, meinen Dienst hinzuschmeißen, Gott ignoriert und meinen besten Fürsprecher und Freund vor den Kopf gestoßen.

„Na toll. Wirklich brillant, Jennie. Und du willst mir helfen, gegen meine chaotischen Gedanken anzukommen?", magst du jetzt vielleicht sagen und ich höre deinen Einwand. Und ja, ich werde vermutlich mein Leben lang daran arbeiten müssen, nicht ständig in diese negativen Gedankenspiralen zu geraten. Aber ich habe in letzter Zeit einige wichtige Dinge entdeckt, die mir helfen, diesen Teufelskreis zu durchbrechen. Und weil das so ist, gelang es dieser Abwärtsspirale nicht, einen Tag, eine Woche oder gar ein paar Jahre meines Lebens zu stehlen. Deshalb konnte ich nach einer knappen Stunde den Hebel umlegen und meinen Gedanken eine neue Richtung gegeben.

Ich blieb nicht wie gelähmt sitzen. Jetzt bin ich frei und fröhlich dabei, dir zu schreiben.

Ich möchte dich wissen lassen, dass auch du nicht in einer Sackgasse stecken bleiben musst. Gott hat uns einen Weg geschenkt, auf dem wir diesen gedanklichen Abwärtsspiralen entkommen können. Nur dumm, dass wir ihn so selten einschlagen. Stattdessen haben wir der Lüge geglaubt, dass wir Opfer unserer eigenen Gedanken sind. Dabei sind wir doch Kämpferinnen mit einer guten Ausrüstung, die uns hilft, an der Front der größten Schlacht zu kämpfen, die unsere Generation zu schlagen hat: die Schlacht um unsere Gedanken.

Der Apostel Paulus hat verstanden, welche Schlacht in unseren Gedanken tobt. Er wusste, dass unsere Lebensumstände und unsere Vorstellungskraft zu Waffen werden können, die unseren Glauben und unsere Hoffnung untergraben. Die Bibel überliefert uns seine kühne Anweisung, wir sollten „jeden Gedanken gefangen nehmen unter den Gehorsam Christi" (2. Korinther 10,5; ELB).

Gedanken gefangen nehmen? Jeden Gedanken? Kann man das? Schon mal versucht?

Einmal hatte sich ein Vogel in unser Haus verirrt und flog nicht wieder hinaus. Es brauchte den Einsatz der kompletten Familie und eine ganze Stunde, diesen dummen Spatz zu fangen. Kurzzeitig überlegten wir sogar, ihn mit dem Luftgewehr abzuschießen, denn das wäre leichter gewesen. Aber diesen Spatz einzufangen, der voller Angst wild durch unser Haus flatterte, das war etwas anderes und fast unmöglich.

Ist es nicht sogar noch viel unmöglicher, einen wild herumwirbelnden Gedanken einzufangen? Und doch lese ich in dem Buch, auf das ich mein ganzes Leben gründe, *ich solle alle meine Gedanken gefangen nehmen, jeden einzelnen davon.*

Erlaubt sich Gott da einen Spaß mit uns?

Ist das denn überhaupt möglich? Denn ganz ehrlich: Meine Gedanken schwirren viel wilder herum als jener verängstigte Spatz.

Und deine wohl auch. Ich sehe dasselbe ungebändigte Chaos in deinen Augen und in den Augen fast aller Frauen, die mir begegnen. Zum Beispiel auch bei der jungen Frau, der ich diese Woche gegenübersaß – eine junge Frau, die in der Angst fast unterging, gegen die sie schon seit zwei Jahren ankämpfte. Sie sah mich an und in ihrem Blick lag die Bitte: „Hilf mir! Sag mir, was ich machen soll."

„Ich will nicht mit dieser Angst leben", sagte sie. „Ich gehe in die Seelsorge. Ich gehe in den Bibelkreis. Ich würde auch Medikamente nehmen. Ich möchte Gott ja vertrauen. Warum kann ich mich nicht ändern? Ich fühle mich völlig festgefahren in dieser Angst."

O ja, ich kann sie gut verstehen. Ich habe auch gegen die Angst gekämpft.

Wenn man es sich genau überlegt, ist es unfassbar: Wie kann etwas, das man nicht sehen kann, uns so sehr beherrschen und bestimmen, was wir fühlen und tun und was wir sagen oder nicht sagen? Wie kann es uns diktieren, wie wir uns bewegen oder schlafen und beeinflussen, was wir wollen, was wir hassen und was wir lieben?

Wie kann dieses Organ, das all diese Gedanken beherbergt – das ja nicht mehr ist als ein Klumpen zusammengeballtes Gewebe –, so sehr bestimmen, was uns zu dem Menschen macht, der wir sind?

Es ist nicht egal, ob wir lernen, unsere Gedanken einzufangen. Denn wie wir denken, entscheidet darüber, wie wir leben (Römer 12,1–2).

DIE MUSTER, DIE UNS LÄHMEN

Die Ergebnisse der neurowissenschaftlichen Forschung faszinieren mich schon eine ganze Weile, seit eine meiner brillanten Töchter anfing, mich in die Geheimnisse des Gehirns einzuweihen. Als Kate im siebten Schuljahr war (inzwischen ist sie in der Oberstufe), kam sie einmal von der Schule nach Hause und verkündete dem Rest der Familie, sie werde eines Tages ein Mittel gegen *Alzheimer* entwickeln.

Wir haben sie damals etwas belächelt. Aber heute, Jahre später, liest sie immer noch Bücher und Artikel zu diesem Thema, hört sich jeden TED-Talk dazu an und setzt mich über die neuesten Forschungsergebnisse ins Bild. Sie macht sich Gedanken zu Fragen, wie:

- Wusstest du, dass in den letzten 20 Jahren mehr Erkenntnisse über unser Gehirn gewonnen wurden als in all den Jahrhunderten zuvor?
- Wusstest du, dass ca. 60 bis 80 Prozent der Hausarztbesuche stattfinden, weil die Beschwerden des Patienten eine stressbedingte Komponente haben?[1]
- Wusstest du, dass Studien erwiesen haben, dass 75 bis 80 Prozent der psychischen und körperlichen Erkrankungen und Verhaltensstörungen ihre Ursache in unserer Gedankenwelt haben?[2]

- Wusstest du, dass unser Wissen über das Gehirn Folgendes nahelegt: Wenn die Bibel vom Herzen spricht, könnte sie tatsächlich über unseren Geist und die Gefühle sprechen, die wir im Gehirn erfahren?

Also schön, Kate, nein, wusste ich nicht. Ist aber wirklich interessant.

Um genauer zu sein: Es ist sehr interessant für mich.

Irgendwann sprang Kates Faszination auf mich über. Weil sie mir zeigte, dass das, was sie durch die Naturwissenschaften lernte, auch in meiner Bibel zu finden ist, und dass vieles, was die Bibel über unsere Gedankenwelt sagt, auch wissenschaftlich untermauert ist. Und noch wichtiger wurde mir das alles, sobald mich die Vorstellung gepackt hatte, wir könnten tatsächlich unsere Gedankenwelt in den Griff bekommen und so auch in anderen Lebensbereichen Frieden finden.

*

Seit einigen Jahren war ich voll und ganz mit meiner eigenen Organisation *IF:Gathering* beschäftigt. Gott hatte mir den Anstoß gegeben, sie zu gründen, um Frauen im christlichen Glauben zu schulen und sie zu befähigen, auch anderen den Glauben zu vermitteln. Ich liebte unsere Gemeinschaft, unsere Treffen und dass wir offensichtlich auch tatsächlich etwas bewirkten. Aber mit der Zeit beobachtete ich bei den Frauen, die ich liebte und für die ich mich jeden Tag einsetzte, etwas, das mich beunruhigte.

Die Frauen machten während unserer Veranstaltungen oder beim Studium unserer Materialien Erfahrungen mit Gott und öffneten ihm ihr Leben auf noch umfassendere Art. Diese Erfahrungen beflügelten sie dann für eine ganze Weile in ihrem Glauben und ihrer Arbeit, aber irgendwann kam immer der Punkt, an dem sie in alte Gewohnheiten zurückfielen und alte Lebensmuster wieder aufnahmen. Vielleicht weißt du, was ich meine.

Vielleicht denkst du gerade an diese zerstörerische Beziehung, die du endlich beendet hattest, aber dann in einem schwachen Moment doch wieder aufgenommen hast.

Oder du hattest endlich mit einem alles andere als gelungenen Abschnitt deines Lebens Frieden geschlossen, aber nun befindest du dich wieder in einer emotionalen Abwärtsspirale und hörst dich selbst nur noch jammern.

Oder du hast dir und Gott eingestanden, dass du pornosüchtig bist, und damit aufgehört, nur um nach ein paar Wochen in die alten Muster zurückzufallen.

Oder du hast entdeckt, dass du deinem Mann gegenüber viel zu kritisch bist, das Jesus anvertraut und wirklich begonnen, dich zu verändern – bis du schließlich doch wieder da gelandet bist, wo du begonnen hattest.

Warum, habe ich mich gefragt, warum halten die Veränderungen, die so viele Frauen so verzweifelt gerne vornehmen wollen, nicht auf Dauer an?

Und warum kämpfte ich immer noch mit denselben Ängsten, negativen Verhaltensmustern und anderen Sünden, gegen die ich bereits jahrelang ankämpfte?

Zu der Zeit, in der ich erkannte, dass dieser Bumerangeffekt ein weitverbreitetes Phänomen ist, stand ich gerade im engeren Kontakt mit einigen Freundinnen – alles gestandene Frauen, die sich Jahr für Jahr mit denselben Problemen herumschlugen. Immer wenn wir uns trafen, hörte ich dasselbe Lied.

Was hinderte sie daran, mit ihren Bemühungen erfolgreich zu sein? Warum kamen sie nicht aus ihrer Sackgasse heraus? Was Kate bei ihren fortgesetzten Studien zum menschlichen Gehirn entdeckte, wies auf eine naheliegende Ursache hin: Es spielt sich alles in unserem Kopf ab.

DIE ABWÄRTSSPIRALE UNTERBRECHEN

Es gibt vieles, was wir über das Gehirn nicht wissen. Aber ebenso wahr ist, wie Kate es ausdrückt: Wir haben in den letzten 20 Jahren mehr über das Gehirn gelernt als in den 2.000 Jahren davor. Früher hielt man den Geist für etwas Unveränderbares. Das Gehirn, mit dem man geboren wurde, und wie es arbeitete – oder nicht arbeitete –, „war eben so". Es war sinnlos, sich über etwas aufzuregen, was nicht zu ändern war. Heute wissen wir, dass das Gehirn sich ständig verändert, ob wir das nun wollen oder nicht.

Voller Hoffnung, herausfinden zu können, wie Frauen sich aus problematischen Denk- und daraus resultierenden Verhaltensmustern befreien können, begann ich, kluge Bücher über das Gehirn, über Neurowissenschaften und wie echte Veränderung vor sich geht zu lesen. Ich sah mir die TED-Talks an, auf die Kate mich hinwies, und lernte viel über die Formbarkeit unseres Gehirns.

Ich hörte mir kluge Podcasts an.

Ich sah mir kluge Dokumentationssendungen an.

Ich redete mit klugen Leuten.

Und allmählich sah ich ein Muster, das in vielen von uns am Werk ist. Unsere Gefühle bringen uns auf bestimmte Gedanken und diese Gedanken bestimmen unsere Entscheidungen und unsere Entscheidungen bestimmen unser Verhalten, und unser Verhalten hat Auswirkungen auf unsere Beziehungen, die uns wiederum zurückbringen zu gesunden oder ungesunden Denkmustern.

Wir drehen Runde um Runde um Runde, immer abwärts, anscheinend außer Kontrolle, bis unser Leben schließlich bestimmt ist von diesem endlosen Kreislauf.

Deprimierend.

Es sei denn – es sei denn, es gäbe einen Weg, den Kreislauf zu durchbrechen.

Wie viele von uns investieren ihre gesamte Kraft in Gespräche, Seelsorge und Gebet in dem Versuch, das zu ändern, was am tiefsten in uns sitzt – unsere Gefühle –, und haben doch keinen Erfolg.

Wenn du traurig bist und ich dir sage, du solltest aufhören, traurig zu sein, bist du dann auch nur einen Schritt weitergekommen?

Was wäre, wenn wir unsere Kraft nicht mehr mit dem Versuch, Symptome zu kurieren, verschwenden würden, sondern uns mit der Wurzel des Problems befassten, die noch tiefer liegt als die Gefühle, die uns anscheinend immer wieder in denselben Kreislauf stürzen? Die Wahrheit ist: Unsere Gefühle sind ein Nebenprodukt von etwas anderem.

Unsere Gefühle sind ein Nebenprodukt unserer Gedankenwelt.

Das Gute daran ist: Wir können unsere Gedankenwelt verändern. Das sagt uns die Bibel. „Passt euch nicht den Maßstäben dieser Welt an", schreibt Paulus, „sondern lasst euch … verändern, damit euer ganzes Denken neu ausgerichtet wird" (Römer 12,2).

Meine intensive Beschäftigung mit den inneren Mechanismen des Gehirns hat bestätigt, was die Bibel sagt: Wir können „jeden Gedanken gefangen nehmen". Nicht nur unsere Gedankenwelt kann sich verändern, wir können diese Veränderung auch selbst bewirken.

Das Problem ist, dass wir unbewusst in unserer emotionalen Abwärtsspirale landen und uns meist nicht klarmachen, wohin unsere Gedanken am Ende führen. Der bekannte puritanische Theologe des 17. Jahrhunderts John Owen sagte, bei jeder Sünde sei das Ziel des Feindes der Tod. Wörtlich hat er gesagt: „Töte die Sünde, oder die Sünde wird dich töten."[3] Es ist an der Zeit, dass wir kämpfen.

Der Durchschnittsmensch denkt mehr als 30.000 Gedanken am Tag. Und davon sind so viele negativ, dass „Studien zufolge die große Mehrheit der Krankheiten, die uns heute plagen, eine direkte Folge einer ungesunden Gedankenwelt ist".[4]

GEFÜHL

GEDANKE

VERHALTEN

BEZIEHUNGEN

FOLGEN

Die Abwärtsspirale ist real, und sie ist angefüllt mit mehr Gedanken, als wir anscheinend beherrschen können. Aber was wäre, wenn wir nicht versuchen würden, jeden Gedanken gefangen zu nehmen, sondern nur einen einzigen?

Was wäre, wenn ich dir sagte, dass ein einziger guter, kraftvoller Gedanke diesen chaotischen Kreislauf deines Lebens in eine bessere Richtung lenken könnte … und zwar jedes Mal, wenn du ihn denkst? Was wäre, wenn du eine einzige Wahrheit verinnerlichen könntest, die den Ansturm der Lügen verstummen ließe, die dir das Gefühl geben, du seist deinem Gehirn gegenüber ohnmächtig!

Nur einen einzigen Gedanken denken. Könntest du das tun?

Dieser Gedanke existiert. Dazu später mehr.

Mir ist klar: Auch wenn mein Vorschlag sehr direkt war – dass du dich ganz auf eine einzige Wahrheit konzentrierst –, so ist es doch keine Kleinigkeit, ihn zu befolgen. Warum? Weil ein regelrechter Angriff in diesem Zellkonglomerat tobt, der dich zu dem Menschen macht, der du bist. Der größte geistliche Kampf unserer Generation wird zwischen unseren Ohren ausgetragen.

Was wir glauben und worüber wir nachdenken, ist richtungsweisend, und unser Feind weiß das. Deshalb ist er auch absolut entschlossen, in deinen Kopf zu kriechen und dich davon abzuhalten, Gutes zu denken und zu tun. Er ist darauf aus, dich so weit abstürzen zu lassen, dass du dich ohnmächtig, überwältigt und kaltgestellt fühlst und nicht mehr aufstehen kannst, um dich für das Reich Gottes einzusetzen.

Selbst wenn du nicht zu denen gehörst, die sich leicht kaltstellen lassen, und wenn du Gott und die Menschen liebst, verfolgen dich bei jedem Schritt, den du machst, tausend giftige Gedanken.

Ob du schon aufgegeben hast oder ob dich nur eine nagende Unzufriedenheit quält, hier ist mein Entschluss, der für uns beide gelten kann: „Schluss damit."

Und ich sage „für uns beide" mit gutem Grund. Die große Ironie ist nämlich die, dass ich zu dem Zeitpunkt, als ich mir für meine Freunde Gedanken über die Möglichkeit einer heileren und gesünderen Gedankenwelt machte, noch nicht wusste, wie sehr ich selbst schon bald diese Heilung brauchen würde.

WAS WIR GLAUBEN

„Wenigstens bin ich nicht so dumm wie die."

Diese Worte wurden hinter meinem Rücken gesprochen – in meinem zweiten Jahr im Oberstufenkurs Biologie und zwar von Derek.

Derek war dreimal so groß und breit wie alle anderen unbeholfenen Fünfzehnjährigen in meiner Klasse, ein Typ, vor dem alle Angst hatten. Ich war eine ruhige, schüchterne Schülerin, die kaum jemals den Mund aufbekam. Wie konnte er mich dumm finden? Es war nämlich so: Ich war überhaupt nicht dumm. Schließlich schrieb ich ohne große Anstrengung nur Bestnoten – selbst in den Kursen, die intellektuell anspruchsvoll waren.

In Gedanken blicke ich auf dieses 15-jährige Mädchen an ihrem langen Labortisch im Biologiesaal zurück und wünschte, ich könnte ihr Gesicht in beide Hände nehmen und ihr sagen, wie ganz und gar nicht dumm sie ist. Aber ich bin mir fast sicher, sie würde mir nicht zuhören. Denn es dauerte keine Stunde, nachdem Derek diese Worte gesagt hatte, bis die winzigen Falten von Zellgewebe zwischen ihren Ohren eine umfassende Anklage erstellt hatten: eine Anklage gegen ihren Wert, ihre Sicherheit, ihren Verstand und ihr Potenzial, die für die nächsten zehn Jahre in einer Endlosschleife in ihr abgespult wurde.

✶

Kurz nach meinem Collegeabschluss im Bereich Fernsehjournalismus war ich zu einem Bewerbungsgespräch bei einem Nachrich-

tensender eingeladen. Zwei Kollegen vom Sender gingen anschließend mit mir und meiner Freundin essen. Dabei wollten sie nicht
über den Job sprechen, sondern uns näher kennenlernen. Nachdem mir klar wurde, dass sie dabei waren, uns anzubaggern, saß
ich da und dachte: *Kein Mann wird mich jemals in meinem Job ernst
nehmen.* Dieser Gedanke ließ mich glauben, dass ich als Frau in
der Geschäftswelt nichts anzubieten hätte. Auf diese Weise konstruierte mein Gehirn einen Angriff auf meine Erziehung, meine
Ausbildung und meine Begabung, der mich viele Jahre lang beeinträchtigen sollte.

∗

Mein Mann und ich hatten unseren ersten größeren Streit nach
unserer Hochzeit. Er ignorierte mich und ich knallte daraufhin ein
paar Türen recht heftig zu. Er kam schnell darüber hinweg, aber
ich konnte nicht aufhören zu denken: *Er liebt mich nicht wirklich.*
Und in meinem Hirn konstruierte ich einen Angriff auf unsere Ehe.

∗

Ich hatte gegenüber unserem achtjährigen Sohn die Beherrschung
verloren. Abends lag ich im Bett und dachte: *Ich bin als Mutter eine
komplette Versagerin.* In den folgenden Jahren grub dieser Gedanke
sich immer tiefer in mein Gehirn.

∗

Die Sache ist die: Ich habe schon immer Lügen geglaubt. Und nicht
nur geglaubt. Ich habe ganze Kapitel meines Lebens auf ihnen auf-
gebaut.

Ich bin ziemlich sicher, das gilt für dich auch.

23

LÜGEN, DIE WIR GLAUBEN

Meine Freundin Christina ist Psychotherapeutin. Sie hat mir erzählt, was man im Grundkurs Psychiatrie lernt: Wenn du und ich uns entscheiden, einer Lüge über uns selbst zu glauben, dann ist es eine der folgenden:

Ich bin ohnmächtig.

Ich bin wertlos.

Ich bin nicht liebenswert.

Instinktiv versuchte ich, sie zu widerlegen. „Im Ernst, Christina? Nur drei?" Ich sei dafür bekannt, sagte ich ihr, dass ich 300 Lügen am Tag über mich glaubte.

„Unsinn", erwiderte sie. „Jede der 300 Lügen lässt sich auf eine der drei zurückführen, die ich genannt habe."

Nehmen wir an, Christina hätte recht. Die Frage, die ich dir stellen möchte, lautet: Welche der drei Lügen ist für dich am nachvollziehbarsten?

Gibt es eine, für die du besonders anfällig bist?

Diese Lügen – ich bin ohnmächtig, ich bin wertlos, ich bin nicht liebenswert – formen unser Denken, unsere Gefühle und die Art, wie wir auf unsere Umwelt reagieren. Sie ziehen uns hinein in ihren Kreislauf von Ablenkung, Verzerrung und Schmerz, sie verhindern, dass wir die Wahrheit sehen, die wir glauben sollten. Das Schlimmste ist, dass sie unsere Sicht von Gott verändern. Jede Lüge über uns selbst, die wir glauben, wurzelt darin, was wir von Gott glauben.

Sagen wir, ich würde mich häufig wertlos und unsichtbar fühlen. Und nehmen wir an, ich lese den Epheserbrief und erfahre dort, dass Gott, weil er mich liebt, mich erwählt und als sein Kind angenommen hat (Epheser 1,4–5). Auch wenn ich die Gültigkeit dieser Aussagen nicht offen verneine, habe ich doch meine Zweifel daran, dass sie auch für mich gelten. Ja, nicke ich, das ist wahr, aber ich nehme sie nicht in mich auf, sodass sie meine Identität formen können.

Oder nehmen wir an, ich bin mit einem Mann verheiratet, der nur seine Arbeit im Kopf hat. Ich fühle mich in unserer Ehe nicht gesehen, und das verstärkt meine tief sitzende Angst, dass ich tatsächlich wertlos und unsichtbar bin. Und so bin ich selbst im belanglosesten Wortwechsel mit meinem Mann angespannt und drehe am Rad, wenn er nur mal kurz angebunden ist.

Ich kann nicht sehen, was alles auf ihm lastet; ich kann nicht mitfühlen, was ihn anstrengt, und meine Bedürfnisse sind weit größer als alles, was er je erfüllen könnte.

Es dauert nicht lange, und wir streiten nur noch und wissen meist gar nicht, warum.

In meiner Gedankenwelt ist mein Mann zu meinem Feind geworden; er kann anscheinend nie das sagen, was ich hören möchte, oder so sein, wie ich ihn brauche.

Und meine Gedankenspirale hat nun auch meine Beziehungen infiziert und raubt mir jede Freude daran und meinen inneren Frieden.

Es war nie so gedacht, dass ein Mensch die Leere in unserer Seele füllen oder uns versichern sollte, dass wir wertvoll sind. Aber solange ich die Lüge nicht abweise, dass Gottes Liebe mir nicht gilt, werden meine Gefühle, Entscheidungen, Verhaltensweisen und Beziehungen sich in dem falschen Glauben, ich sei wertlos, verheddern.

Wenn wir – vielleicht zum ersten Mal – anfangen, über unsere Gedanken nachzudenken, können wir diese Abwärtsspirale stoppen. Wir können neu starten und die Richtung ändern. Das ist unsere Hoffnung. Nicht dass wir jede erdenkliche Angst bekämpfen würden, aber dass wir Gott erlauben, so viel Raum in unserem Denken einzunehmen, dass im Vergleich dazu unsere Ängste zusammenschrumpfen. Ich liebe das Zitat von A. W. Tozer, in dem er sagt: „Wenn Gott groß gemacht wird…, lösen sich tausend kleinere Probleme mit einem Schlag."[5] Das ist mein Ziel.

Und genau das können wir auch erleben. Aber du musst wissen: Der Feind unserer Seele hat nicht die Absicht, seinen Zugriff auf unser Denken kampflos aufzugeben. Und ich warne dich: Er kämpft nicht mit fairen Mitteln.

Wir sind ja gerade erst dabei, einander kennenzulernen, aber ich will dich in die schlimmste Gedankenhölle, die ich bisher erlebt habe, einen Blick werfen lassen. Ich warne dich jedoch schon einmal vor, denn die Sache ist heftig, und ich mag es nicht gern heftig. Ich mag es heiter und glücklich. Aber wenn ich dich nicht in meine Dunkelheit mitnehme, glaubst du mir vielleicht nicht, wenn ich sage, dass sich die Mühe lohnt, uns den Abgründen unseres Denkens zu stellen. Denn wir glauben, dass Gott uns Leben und Frieden schenken kann.

Ich weiß, es ist möglich, unsere Gedankenwelt – und in der Folge auch unser Leben – auf einen neuen Kurs zu bringen. Ich weiß es, denn in meinem Leben ist es passiert.

Aber bevor ich auf den Gedanken stieß, der uns aus innerem Aufruhr zum Frieden bringt, habe ich den gnadenlosen Angriff des Feindes zu spüren bekommen.

UNTER BESCHUSS

Es war seit vielen Monaten mein erster Besuch zu Hause in *Little Rock*. Ich saß im Wagen meiner Mutter auf dem Beifahrersitz und betrachtete die vertraute Landschaft: meine alte Highschool, das Chili's, ein Restaurant, in dem ich mit meinen Freunden nach Football- oder Basketballspielen oft gewesen bin, der Teich, in dem ich oft geschwommen bin. Mir wurde bewusst, wie tröstlich es sein kann, nach Hause zu kommen.

Dann erreichten wir unser Ziel: die Baptistenkirche, in der ich zwei Vorträge halten und dazwischen Bücher signieren sollte.

Im ersten Vortrag gab ich für die Frauen, die vor mir saßen, mein Bestes. Kühn und klar erklärte ich ihnen die Kernaussagen des Evangeliums. „Es gibt wirklich einen Feind, dem ein Heer von Dämonen zu Diensten ist", verkündete ich. „Er will dich überlisten. Er ist entschlossen, dir deinen Glauben zu rauben." Ich war durchdrungen von dem Wunsch, dass meine Zuhörerinnen die Freiheit kennenlernten, die Christus anbietet, und dass sie aufhörten, ohne Ziel durch ihr Leben zu stolpern.

Nach meinem Vortrag folgte das Büchersignieren mit dem dazugehörigen Tumult. Anschließend stand ich auf einmal völlig alleine da, etwas, das ich bei Großveranstaltungen aus Sicherheitsgründen gerne vermeide. Die Zuhörerinnen waren bereits zurück auf ihren Plätzen im Auditorium, Konferenzordner schwirrten herum und kümmerten sich um irgendwelche Details, jeder war an seinem Platz. Und ich stand ganz allein im Foyer – ich und eine andere, recht freundlich wirkende Frau, die ich nicht kannte.

Da wurde mir klar, dass es Zeit wurde, vor dem nächsten Vortrag meinen Platz einzunehmen. Also machte ich zwei Schritte in Richtung Auditorium und dann war die fremde Frau plötzlich vor mir. Ihr Gesicht verdüsterte sich, das warme Lächeln verschwand und sie kniff ihre Augen zusammen.

„Wir kriegen dich", sagte sie rasch und flüsternd. „Du musst aufhören, über uns zu sprechen. Wir kriegen dich."

Diese Worte waren so zusammenhanglos, dass ich nicht verstand, was sie meinte. „Ma'am", sagte ich. „Sie verwirren mich. Wovon reden Sie?"

Mit eisiger Sicherheit sagte sie: „Sie wissen ganz genau, wovon ich rede."

„Verzeihung?", sagte ich, immer noch bemüht, sie zu verstehen. Und wieder sagte sie: „Hören Sie auf, über uns zu sprechen."

„Ich weiß nicht, was Sie meinen", sagte ich.

Sie wiederholte noch einmal: „Sie wissen genau, wovon ich spreche." Ich wusste es nicht.

Und dann wusste ich es.

Ich ging etliche Schritte rückwärts, ging dann in Richtung Auditorium und wandte mich an einen der Sicherheitsleute. So gefasst, wie ich konnte, sagte ich: „Diese Frau dort im Foyer hat mich soeben bedroht. Bitte behalten Sie sie im Auge, ja?"

Dann ging ich auf die Bühne und begann meinen zweiten Vortrag. Irgendwann mittendrin hörte ich ein durchdringendes Kreischen aus dem Mittelgang des großen Auditoriums. Die Härchen auf meinen Armen standen mir zu Berge und ich unterbrach mich kurz. Ich wusste genau, wer da schrie, und ich wusste auch, was da vor sich ging.

Weil ich annahm, das Sicherheitspersonal würde sich um die Störung kümmern, setzte ich meinen Vortrag fort und sagte mir, dass das nichts anderes war als eine gestörte Frau, die leere Drohungen ausstieß. Ich würde nach Hause fahren und die ganze Sache vergessen.

Dann tat der Teufel seinen nächsten Zug. Während die Frau im Foyer weiterhin wüste Drohungen ausstieß, fiel der Strom aus. Ich meine alle Lichter, die gesamte Lautsprecheranlage, die riesigen Monitore auf der Bühne – alles ging aus. Wir saßen schweigend im Dunkeln.

Hatte ich erwähnt, dass wir uns in einem riesigen Gebäude befanden, wo alle Anlagen doppelt abgesichert waren? An einem sonnigen Tag fällt bei einem solchen Event nicht einfach der Strom aus.

Das Kreischen hielt an und wir saßen wie versteinert da.

„So was ist noch nie passiert", sagte der Pastor mir später. „Das Kreischen kam von der Frau, auf die Sie den Sicherheitsmann aufmerksam gemacht hatten, und von ihrer Tochter. Was war da los?"

Unglaublich.

Ich meine, ich rede von Jesus, und ich glaube alles, was er gelehrt hat. Er hat vom Feind gesprochen und er hat seine Macht über die dämonischen Kräfte bewiesen. Der Feind war für Jesus kein Geheimnis. Der geistliche Kampf war für ihn eine Realität. Jesus hat immer wieder Dämonen ausgetrieben – jedenfalls berichtet die Bibel uns das.

Ja, ich glaube, dass es einen Teufel gibt und dass ihm wirklich Dämonen unterstehen und dass immer und überall um unser Herz und unsere Seele und unser Denken ein Kampf tobt. Aber ich sage dir eins: Nie zuvor hatte ich eine so unbezweifelbare Machtdemonstration des Teufels erlebt.

Es hätte eine verstörende Erfahrung sein können, aber sie hatte eine gänzlich andere Wirkung: Sie verlieh mir einen beinahe wilden Glauben. Ich erinnere mich noch gut an diesen Abend. Ich habe mit jedem, der mir zuhörte, über Jesus geredet, einschließlich des Kellners in dem Restaurant, in dem ich mit meiner Familie noch essen war, und einer Freundin meiner Schwester, die gerade zu Besuch war. Ich war überwältigt davon, wie real und wahr alles war: Gott. Der Himmel. Der Feind. Dieser Kampf, in dem wir stehen.

Noch nie zuvor war ich mir so sicher gewesen wie an diesem Tag: Es war alles wahr.

Und deshalb traf mich die Spirale der Finsternis, die darauf folgte, völlig unvorbereitet.

AUS DER SPIRALE AUSSTEIGEN

Im Anschluss an diese Vorträge in *Little Rock* fuhr ich zu meinen Eltern und unterwegs telefonierte ich mit Zac. Bevor ich abgereist war, hatte ich mit ihm eine kleine Auseinandersetzung gehabt – worüber, weiß ich nicht mehr, aber ich weiß noch, was ich ihm als Erstes sagte, als er das Gespräch annahm: „Hi, Babe. Unser Streit ist vorbei, okay?"

Dann begann ich meine Fragen auf ihn abzuschießen: „Wie sieht es mit unseren Finanzen aus? Haben wir mit irgendwem Ärger? Was machen die Kinder?"

Ich gebrauchte tatsächlich in diesem Gespräch den Begriff Wagenburg, in etwa so: „Wir müssen eine Wagenburg um uns aufbauen, Zac."

Was? War es unsere Viehherde, die hier in Gefahr war?

In Wahrheit wusste ich nicht, von welcher Seite Gefahr drohte. Und eigentlich wollte ich es auch lieber nicht wissen.

„Was macht dir Sorgen, Jennie?", fragte er. Meine Besorgnis war offensichtlich. Ich bin sicher, er fragte sich: *Was ist denn nur in dieser schnuckeligen Baptistenkirche los gewesen?*

Ich erzählte ihm die ganze Geschichte. Und mein Mann, der nicht dazu neigt, zu dramatisieren, nahm mich sehr ernst. Am Abend gingen wir in einem weiteren Telefongespräch alle Bereiche unseres Lebens durch, auf die wir Einfluss hatten, und stellten sicher, dass es nicht irgendwo eine ganz offensichtliche Schwachstelle gab, an der wir angreifbar waren.

Damit beruhigten wir uns ein bisschen.

Aber seit diesem Abend – direkt nachdem ich eine so absolute Glaubensgewissheit erlebt hatte – wachte ich jede Nacht gegen drei Uhr morgens auf und geriet für einige Augenblicke in Panik. *Ohh. Schon wieder drei Uhr.* Nicht dass ich nicht auch sonst manchmal nachts aufgewacht wäre – jede Frau, die Kinder hat, kennt das. Aber diesmal war es ein anderes Aufwachen.

Meine Gedanken rasten und ich war zutiefst erschrocken. Und dann liefen meine Gedanken stundenlang im Kreis.

Es fing mit unwichtigen Gedanken und Ängsten an – ob ich mit der Wäsche rechtzeitig nachkam oder sorgenvolle Gedanken über eines der Kinder –, aber dann wurden die Ängste rasch größer. *Existiert Gott wirklich?* Ich hatte mein Leben auf ihn gebaut, und dieser Zweifel brachte in mir eine verstörende Möglichkeit zu Bewusstsein: dass ich mein Leben verschwenden könnte.

Allein im Dunkeln und in der Stille schob ich den Gedanken fort, aber wie ein Jojo schien er in mein Gehirn zurückzuschnellen, eine nagende Frage, die ich nicht abschütteln konnte.

Ironischerweise ist mein zweiter Vorname Faith – Glaube. Aber dieser Glaube schien sich nun zu zersetzen. Die Theologin Beth Moore, die sich selbst als „ehemalige Loch-Bewohnerin" bezeichnet, hat drei Arten von Löchern beschrieben: solche, in die wir hineinspringen, solche, in die wir unabsichtlich hineinfallen, und solche, in die wir hineingestoßen werden.[6] Dieses Loch, in dem ich mich nun befand, war so eins. Und ich war hineingestoßen worden. Die Frage, die mich in diesen schlaflosen Nächten verfolgte, war: Wie sollte ich wieder herauskommen?

Ich kenne Menschen, die in ihrem Leben an einen Punkt kommen, an dem sie ihre Berufswahl infrage stellen. Oder ob sie den richtigen Partner geheiratet haben. Oder sie zweifeln am Sinn ihres Lebens. Aber der Zweifel, der an mir nagte, betraf den Kern dessen, was mich als Person ausmachte: Ich zweifelte an der Existenz Gottes. Jede Nacht lag ich wach in meinem viel zu dunklen, stillen Schlafzimmer und zweifelte daran, dass Gott wirklich existierte.

Und wenn er es tatsächlich tat, hatte er mich wirklich im Blick? Liebte er mich? Lag ihm etwas an mir?

Was dachte ich da nur?

Natürlich lag ihm etwas an mir.

Oder?

DAS GEWICHT MEINER GEDANKEN

Wann war der Glaube, den ich mit ganzem Eifer verkündet hatte, aus mir herausgesickert?

Wer hatte ihn mir genommen? Wo war er hin?

Würde ich ihn je wiederfinden?

Plötzlich war ich voller Zweifel. Nein, nicht plötzlich. Es ging langsam, schleichend, fast unmerklich vor sich. Jede Nacht, in der ich im Dunkeln wach lag, ließ den Zweifel langsam wachsen.

Ich bin von Natur aus eher fröhlich und optimistisch, aber nun beherrschte mich ein vages Unbehagen. Ich kannte viele Methoden, wie man aus einem emotionalen Loch wieder herauskommt, aber nichts davon funktionierte. Ich trieb weiter Sport, arbeitete produktiv und besuchte den Gottesdienst. Aber mein Optimismus war gefangen in einem echten, nicht zu leugnenden Kampf um meine Gedanken. Die zweifelnden Gedanken setzten ihren unerbittlichen Angriff fort und allmählich zog mich das total runter.

Irgendwann war es dann so weit, dass diese Gedanken nicht nur während der Nacht, sondern auch am Tag auftauchten, aber tagsüber gibt es ja zum Glück viele Ablenkungen. Und sich auf jede Ablenkung zu stürzen – darin ist unser Gehirn Spitzenklasse.

Wenn dann die Augenblicke kamen, in denen ich merkte, dass ich besonders meinen Glauben brauchte, dann entschied ich mich dafür. Ich stützte mich auf meine jahrzehntelange Geschichte mit Gott – bis ich bemerkte, dass auch noch meine Leidenschaft verflog. So trieben mich meine ewigen Gedankenkreise in einen Zustand der Erschöpfung

Zweifel stehlen unsere Hoffnung. Und ohne Hoffnung erscheint einem alles, was wirklich zählt, auf einmal nicht mehr so wichtig.

Bist du schon mal mit etwas so Schlimmem oder Schwerem konfrontiert worden, dass du alles infrage gestellt hast, woran du je geglaubt hast?

Mittlerweile habe ich erkannt, dass in dieser Zeit der Feind heftig am Werk war, aber als ich mitten in dieser Abwärtsspirale steckte, konnte ich das nicht sehen. Meine Gedanken schienen die Kontrolle über mich gewonnen zu haben statt umgekehrt. Im Rückblick wünschte ich, ich könnte mir selbst gut zureden, mich schütteln und so aus der giftigen Spirale befreien, in der ich gefangen war. Es gab einen Weg heraus. Und falls du gerade in einer solchen Spirale steckst – einer kleinen oder in einem ausgewachsenen Wirbelsturm – verspreche ich dir: Es gibt Hoffnung.

RASCHER UNTERGANG

Ich bin ohnmächtig.
Ich bin wertlos.
Ich bin nicht liebenswert.

Nachts in meinem Bett, nach Drei-Uhr-nachts-Angriff um Drei-Uhr-nachts-Angriff, war es irgendwie so weit gekommen, dass ich alle diese Sätze glaubte. Alles, was ich vorher geglaubt hatte, bedeutete mir nichts mehr. Gott bedeutete nichts mehr. Das Leben war sinnlos. Ich war hilflos, denn ich war ein Nichts. Ich war wertlos, denn ich war ein Nichts. Ich war nicht liebenswert, denn wer liebt schon ein Nichts?

Was diese regelrecht giftigen Gedanken so gefährlich macht, ist, dass sie eine alternative Realität erzeugen, in der verzerrtes Denken tatsächlich Sinn zu ergeben scheint.

Ich dachte an all die schweren Situationen, die ich in den zurückliegenden Jahren bewältigt hatte. Ich hatte erlebt, wie eine meiner besten Freundinnen etliche Schlaganfälle erlitt und zugleich noch eine bittere Scheidung erlebte; hatte zugesehen, wie die Welt und die Ehe meiner Schwester Kate zusammenbrachen. Ich hatte abenteuerliche Herausforderungen im Zusammenhang mit der Adoption unseres Sohnes aus Ruanda durchgestanden, war mit heftiger Kritik von leitenden Personen, die ich schätzte, überschüttet worden, als ich mein eigenes Missionswerk gründete und zum ersten Mal ein Team leitete, hatte mitangesehen, wie mein Mann eine Zeit tiefster Depression erlebte ... Die Liste könnte unendlich fortgesetzt werden.

Hatte ich denn mit meinem Gottvertrauen in all den Jahren auf eine Illusion gesetzt?

In den frühen Morgenstunden begann ich darüber zu spekulieren, worauf mein Leben hinauslaufen würde. Hatte ich mein Leben einer sinnlosen Sache gewidmet? Waren all meine Bemühungen und meine Leidenschaft umsonst gewesen?

Etwa zu dieser Zeit sahen wir uns als Familie den neuesten Avengers-Film an, *Infinity War*. Der Film ist schon so alt, dass ich es riskiere, wenn der nächste Satz ein Spoiler ist: Am Ende ist es so, dass ein paar von meinen Filmhelden einfach ... verschwinden. Sie zerfallen zu Staub und Asche und werden weggeweht, als hätte es sie nie gegeben, als wären sie nie da gewesen.

Als hätte ihr Leben überhaupt keine Bedeutung.

Ich saß im Kino, gequält von dem Gedanken, dass ich das gleiche Schicksal erleiden würde. Was immer ich an Erfüllung erlebt hatte, was ich auch in dieser Welt bewirkt haben mochte – es war alles dazu bestimmt, ausgelöscht zu werden. Am Ende wäre es ganz egal.

Irgendwann wäre ich im Dunkel, im Grab. Ende der Vorstellung. Kein Gott. Keine Rettung. Ich war ein Nichts. Mein Leben bedeutete nichts.

Jetzt war alles egal. Wenn es keinen Gott gibt, warum sollte irgendwem überhaupt noch etwas wichtig sein?

(Ich hatte ja gesagt, es würde recht finster werden.)

18 Monate lang – mehr als 500 Tage – sah so meine Gedankenwelt aus …

Bis ich lernte, anders über meine Gedanken zu denken. Bis ich mich erinnerte: Ich hatte eine Wahl.

BEFREIUNGSSCHLAG

„Denkt ihr jetzt, ich sei übergeschnappt?", fragte ich meine Freundinnen Esther und Ann, während mir die Tränen noch über die Wangen liefen und die Hände in meinem Schoß zitterten. Wir saßen zu dritt zusammengedrängt auf einer Zweiersitzbank in einem Bus und fuhren durch eine entlegene Gegend in Uganda. „Nein, ehrlich. Es ist möglich, dass ich tatsächlich den Verstand verloren habe …"

Ich hatte mich entschieden, ihnen ganz offen zu sagen, was ich gerade durchmachte – die monatelangen nächtlichen Drei-Uhr-Weckrufe, der Zweifel, der Unglaube, das verstörende Gefühl, dass ich geistlich keinen Boden mehr unter den Füßen hatte. Dem war vorausgegangen, dass sie eine halbe Stunde zuvor mitangesehen hatten, wie ich im Büro der ugandischen Beamten, mit denen wir uns unterhalten hatten, völlig die Fassung verlor. Sie hatten miterlebt, wie ich mich in Tränen auflöste – ich war so müde von meinem Kampf gegen eine Macht, die ich nicht fassen konnte, war es so leid, so zu tun, als sei alles in Ordnung, wenn *absolut nichts* in Ordnung war, dass die einzige Option, die mir noch blieb, die war, ihnen die Wahrheit zu sagen.

Und das tat ich. Die ganze ungeschminkte Wahrheit. Die unheimliche Begegnung mit jener Frau in Arkansas. Ihre Drohung: *„Wir kriegen dich."* Die endlosen schlaflosen Nächte. Die Angst, meinen Glauben zu verlieren, obwohl ich nicht glaube, dass man seinen Glauben tatsächlich verlieren kann. Die Worte kamen schneller aus meinem Mund, als meine Gedanken begriffen, was ich da sagte, so als hätte ich plötzlich das Abspielen eines geheimen Mitschnitts des ganzen Horrors aktiviert, der mein Leben in den letzten 18 Monaten bestimmt hatte.

„Ich weiß gar nicht mehr, was ich überhaupt noch glaube", sagte ich. „Es war so dunkel... schlimmer, als ich beschreiben kann. Schon monatelang stelle ich alles infrage. Ich weiß nicht mal, ob ich noch an Gott glaube. Vielleicht tue ich das gar nicht mehr."

Ann betrachtete mich mit der für sie typischen Intensität und wartete darauf, dass ich mal Luft holte, damit sie mir sagen konnte, was sie darüber dachte. „Nein, nein", sagte sie. „Ich kenne dich. Ich kenne deinen Glauben. Wir kennen uns schon so lange und ich habe dich in dieser ganzen Zeit doch erlebt."

Ich sah sie mit großen Augen an und wünschte mir verzweifelt, dass ihre Sicht der Dinge wahr wäre.

„Jenny, hier ist der Feind am Werk", sagte sie. „Nichts von all dem kommt von Gott. Diese schrecklichen Dinge, die du erlebst... das bist überhaupt nicht du."

Ihre Worte drangen durch mein inneres Chaos und sickerten in meine Gedanken. Schließlich schloss ich zustimmend meine Augen und nickte.

DIE WAHRHEIT BRICHT DURCH

Der Auslöser für meinen Zusammenbruch in jenem Büro in Uganda war das verblüffende Erlebnis, dass ein völlig Fremder Worte äußerte, die mir sehr vertraut waren.

In vielen jener über 500 angstbestimmten Nächte zu Hause bestand der einzige Trost, den ich finden konnte, darin, dass ich geradezu zwanghaft Bibelpassagen rezitierte, von denen ich hoffte, sie würde mich in meinem Glauben an Gott verankern. Jahre zuvor hatte ich den Psalm 139 auswendig gelernt und immer wieder in der schwarzen Dunkelheit meines Schlafzimmers, während mir der Kopf vor Zweifel und Angst schwirrte, diese Worte geflüstert:

Wie könnte ich mich dir entziehen;
wohin könnte ich fliehen, ohne dass du mich siehst?
Stiege ich in den Himmel hinauf – du bist da!
Wollte ich mich im Totenreich verbergen – auch dort bist du!
Eilte ich dorthin, wo die Sonne aufgeht,
oder versteckte ich mich im äußersten Westen, wo sie untergeht,
dann würdest du auch dort mich führen und nicht mehr
loslassen.
(Psalm 139,7–10)

Ich verließ mich darauf, dass diese Worte wahr sind. Besonders die, in denen David, der Verfasser des Psalms, sagt, dass wir der Gegenwart Gottes auf keine Weise entkommen können, so sehr wir es auch versuchen. Ich wollte, dass das wahr ist. Ich brauchte einfach, dass das wahr ist. Und so flüsterte ich diese Worte wieder und wieder mit verzweifelter Inbrunst in die Dunkelheit.

In Uganda besuchten meine Freundinnen und ich einige Flüchtlingslager, um uns über die Arbeit von *Food for the Hungry* (Nahrung für die Hungernden) zu informieren, einer Organisation, die wir alle unterstützten. Es war sehr schön zu sehen, welche Fortschritte durch sie gemacht wurden, auch wenn ich nicht in der Verfassung war, wirklich wahrzunehmen, was ich sah. Unser kleines Team kam gerade aus einem solchen Lager in ein enges Büro, wo wir die ugandischen Partner treffen sollten, die die Arbeit von *Food for the Hungry* vor Ort ermöglichten – alles Christen, alle höchst engagiert, alle freundlich und redselig und entgegenkommend.

„Möchten Sie gern bei unserer Andacht dabei sein, bevor wir uns unterhalten?", hatte einer der Männer gefragt, und wir hatten begeistert zugestimmt.

Ich setzte mich in dem nicht klimatisierten Raum an eine Seite gegenüber von Ann und Esther und war gleichzeitig mit tausend ablenkenden Gedanken beschäftigt. Nach einem kurzen Gebet schlug der Mann die Bibel auf und begann zu lesen. „Herr, du durchschaust mich, du kennst mich durch und durch", las er mit dem dicken rollenden „r" seines Akzents. „Ob ich sitze oder stehe – du weißt es, aus der Ferne erkennst du, was ich denke…" (Psalm 139,1–2).

Die Worte waren kaum ausgesprochen, da überfiel es mich wie ein Blitz. *Er liest Psalm 139 – träume ich? Er liest Psalm 139.*

„Von allen Seiten umgibst du mich und hältst deine schützende Hand über mir…"(Psalm 139,5).

Ich spürte, wie ich mich innerlich wappnete. Ich wusste, was jetzt kam.

„Wie könnte ich mich dir entziehen; wohin könnte ich fliehen, ohne dass du mich siehst? Stiege ich in den Himmel hinauf – du bist da! Wollte ich mich im Totenreich verbergen – auch dort bist du…"

Mir stiegen die Tränen in die Augen. Es wurde erstickend heiß in dem Raum.

„Eilte ich dorthin, wo die Sonne aufgeht, oder versteckte ich mich im äußersten Westen, wo sie untergeht, dann würdest du auch dort mich führen und nicht mehr loslassen…"

Ich wusste, dass es unangebracht gewesen wäre, mich zurückzuziehen, obwohl ich am liebsten rausgerannt wäre. Es schnürte mir die Kehle zu und meine Augen brannten und dann liefen die verdammten Tränen. Hier saß ich nach einer Reise um die halbe Welt in einem Propellerflugzeug und einem klapprigen Bus in diesem winzigen Dorf und hörte die vertrauten Worte aus dem Mund eines Mannes, dessen Muttersprache nicht Englisch war.

Wir liebten denselben Gott.

Wie konnte dieser Gott nicht existieren?

Dieser Mann hätte jede andere von 10.000 Bibelstellen lesen können, aber da stand er und las genau die Worte – die einzigen Worte –, die meinen zerbrechlichen Glauben noch zusammenhielten.

Als Ann die schlichten Worte sagte – *„Jennie… das bist überhaupt nicht du"* –, hatte sie recht. Tief in meiner Seele wusste ich es. Das war überhaupt nicht ich. Ich liebte Gott. Ich glaubte an ihn. Ich vertraute Jesus und mein Glaube war mir wichtig. Und Gott würde mich nicht loslassen.

Die Ängste.
Die Zweifel.
Die Unruhe.
Der Schmerz.
Nichts davon war ich.

Gott gibt es wirklich und ich bin wertvoll.
Mein Leben ist nicht sinnlos.
Es gibt ihn tatsächlich.
Ich hatte einen Feind und ich hatte mich schon viel zu lange von ihm fertigmachen lassen.
Jetzt lag das hinter mir.
Dies war ein Krieg.

RÜCKKEHR ZUR KLAREN SICHT

Nach unserer Rückkehr aus Uganda skizzierte Ann unseren Angriffsplan. Ein Teil von mir kam sich vor wie eine Last für meine Freundinnen, aber der Rest sehnte sich verzweifelt nach Hilfe.

Ann beschloss, dass wir drei Frauen 24 Stunden lang gegenüber allem und jedem, das mich so tief in den Sumpf von Unglauben und Zweifel gezogen hatte, füreinander solidarisch einstehen würden mit Beten und Fasten.

Kein Smoothie zum Frühstück. Keine Tacos zum Mittag. Kein Besuch bei Starbucks am Nachmittag – Milchschaum und Madeleines. Wasser – das war alles. Einen ganzen Tag lang würden wir alle Energie, die gewöhnlich darauf verwendet wird, über Essen nachzudenken, Essen vorzubereiten und Essen zu sich zu nehmen, in unser Gebet investieren. Wir würden für mich um Zuversicht beten. Um innere Festigkeit. Wir würden für mich um Glauben beten.

Für meinen Geschmack klang das alles ein wenig zu sehr nach „mich um mich selbst drehen", aber nach all der Angst und dem Schmerz, den ich durchgemacht hatte, war ich doch ganz dabei.

In den Tagen nach unserer Ugandareise habe ich Anns Kommentar sicher tausendmal innerlich wiederholt.

„Das bist doch überhaupt nicht du."

Wie konnte eine so einfache Aussage, eine schlichte Erinnerung, die dicken Ketten lösen, die mein Herz und meine Gedanken schon mehr als ein Jahr gefangen hielten?

Ich dachte an etwas, was der Apostel Paulus (auch bekannt unter seinem hebräischen Namen Saulus) erlebte, als er zum Glauben an Christus kam. Bevor ihm Jesus auf dem Weg nach Damaskus begegnete, hatte er die Christen verfolgt. Nach dieser Begegnung war er blind. Drei Tage lang, berichtet die Apostelgeschichte, aß und trank er nichts, drei Tage sah er nichts. Jesus hatte ihm gesagt, er solle in die Stadt gehen und dort auf weitere Anweisungen warten. Und der blinde Mann ließ sich von seinen Reisegefährten führen und tat, was man ihm gesagt hatte.

Schließlich kam ein Jünger aus Damaskus namens Ananias zu ihm, legte ihm die Hände auf und sagte: „Lieber Bruder Saulus, Jesus, der Herr, der dir unterwegs erschienen ist, hat mich zu dir geschickt, damit du wieder sehen kannst und mit dem Heiligen Geist erfüllt wirst."

„Im selben Moment fiel es Saulus wie Schuppen von den Augen, und er konnte wieder sehen." (Apostelgeschichte 9,17–18)

Saulus stand auf.

Saulus ließ sich taufen.

Saulus aß wieder.

Saulus gewann seine Kräfte zurück.

Es ist nicht übertrieben, wenn ich sage: In dem Moment, in dem ich Anns Worte hörte – *„Das bist doch überhaupt nicht du"* –, konnte ich etwas sehen, was ich lange Monate zuvor nicht hatte sehen können.

Denn allein im Dunkeln kann der Teufel dir erzählen, was immer er will.

Jetzt war ich aber nicht allein. Ich hatte den Kampf aufgenommen, und mir war in Christus die Autorität und die Kraft geschenkt, ihn zu gewinnen.

Etwas fiel mir wie Schuppen von den Augen und endlich hatte ich wieder eine klare Sicht.

Ich war der Wahrheit begegnet. Zwar „[kann] der Mensch mit seinen natürlichen Fähigkeiten nicht erfassen, was Gottes Geist sagt. Für ihn ist das alles Unsinn, denn Gottes Geheimnisse erschließen sich nur durch Gottes Geist", wie Paulus sagt. Aber „wir haben den Geist von Christus, dem Herrn, empfangen und können seine Gedanken verstehen" (1. Korinther 2,14.16). Der geistliche Mensch lässt sich von der Wahrheit leiten. Auch dann, wenn dieser geistliche Mensch für eine sehr lang anmutende Zeit im Dunkeln gesessen hat.

Ich wusste, dass Ann recht gehabt hatte.

DER MOMENT DER VERÄNDERUNG

Interessanterweise hatte ich in jenen qualvollen Augenblicken in *Little Rock* nach außen hin das Bild eines Menschen mit aufrichtigem, fest gegründetem Glauben abgegeben. Ich hatte mit Überzeugung von Jesus gesprochen, ich hatte Wunder gesehen, die Menschenleben veränderten, und die ganze Zeit darum gekämpft, an meinem Glauben festzuhalten.

Ich war vom Glauben erfüllt gewesen.

Nur hatte ich mich nicht glaubensstark gefühlt.

Ich hatte mich geschlagen gefühlt.

Eine wichtige Zwischenbemerkung

Vielleicht lebst du schon lange mit einer unterschwelligen Traurigkeit oder kannst dich gar nicht mehr erinnern, dass es jemals anders war. Vielleicht ist es für dich aber auch viel schlimmer.

Zwei Menschen, die mir sehr nahestehen und Jesus von Herzen lieben, kämpfen immer wieder mit dem Wunsch, sich das Leben zu nehmen.

Die *National Alliance on Mental Illness* (Nationales Bündnis zur Bekämpfung psychischer Erkrankungen in den USA) berichtet, dass „von fünf Erwachsenen jedes Jahr einer einen Zustand psychischer Erkrankung erlebt".[7] Man kann also durchaus sagen, dass psychische Erkrankungen weitverbreitet sind. Wenn du mit einer psychischen Erkrankung kämpfst, darf ich dich dann liebevoll in den Arm nehmen, dir selbst in die Augen schauen und flüstern: „Das – deine Angststörung oder Depression oder Affektstörung oder deine Selbstmordgedanken – das ist nicht deine Schuld!"?

Vielleicht leidest du unter einer Stoffwechselstörung, die sich biochemisch erklären lässt. Ich verstehe das. In meiner Familie sind mehrere Menschen auf Medikamente angewiesen, die die Chemie in ihrem Gehirn regulieren. Bitte hör mir zu: Daran ist nichts, wofür man sich schämen müsste. Danken wir Gott, dass es solche Mittel gibt, die helfen.

Ich möchte nur, dass du weißt – und jetzt hör bitte ganz genau zu: Wenn ich in diesem Buch davon spreche, dass Gott uns eine Wahl lässt, welche Gedanken wir denken, dann meine ich nicht, dass ein richtiges Denken uns aus psychischen Erkrankungen herausführt. Das meine ich ganz und gar nicht. Ich habe Zeiten erlebt, in denen ich so schlimme Angstattacken hatte, dass ich förmlich gelähmt war.

Es gibt Zeiten, in denen wir Hilfe brauchen, Hilfe durch Beratung und Seelsorge und auch durch Medikamente. Aber ich hoffe, ich kann dir auf den folgenden Seiten zeigen, dass es in jeder Situation Hilfe gibt, auf die wir zurückgreifen können. Zu lernen, einen einzigen Gedanken zu denken, kann uns allen helfen – ob wir nun mit einer psychischen Erkrankung kämpfen oder Kämpfe anderer Art zu bestehen haben.

Das Tragische daran war: Ich hätte mich nicht 18 Monate lang im Kreis drehen müssen. Und du musst das auch nicht. Wir müssen uns nicht 18 Monate lang quälen. Wir müssen uns nicht mal 18 Minuten quälen. Wir müssen uns überhaupt nicht quälen.

Ich zögere aus etlichen Gründen, bevor ich den nächsten Satz schreibe. Vielleicht bist du skeptisch. Vielleicht kämpfst du schon dein ganzes Leben lang gegen eine ganz bestimmte Abhängigkeit und meine Antwort kommt dir zu glatt vor. Vielleicht kannst du dir Freiheit gar nicht mehr vorstellen, ganz zu schweigen davon, sie anzustreben. Aber ich sage es trotzdem. Ich sage es, weil es wahr ist:

Du kannst dich tatsächlich ändern. Innerhalb eines Augenblicks.

Du.
Und ich.
Wir können uns ändern.

Die Wissenschaft hat bewiesen, dass es so ist. Unser Gehirn ist voller Nervenbahnen, manche davon flach und formbar und andere tief eingespurt von krank machenden Gedanken, die wir schon ein Leben lang denken. In beiden Fällen hat Gott die Macht zu retten. In beiden Fällen hat er die Macht zu heilen.

Nach unserem Gebets- und Fastentag fühlte sich mein Gehirn an wie neu erwacht. Meine Gedanken waren klar und scharf, als hätte ich durch einen dichten Nebel gestarrt, der sich nun lichtete. Ich machte mich daran zu verstehen, was die Bibel uns über unser Gehirn sagt.

Der erste Vers, auf den ich bei meinen Studien stieß, wurde bereits kurz erwähnt. Er stammt von Paulus: „Passt euch nicht den Maßstäben dieser Welt an", schreibt er in Römer 12,1, *„sondern lasst euch von Gott verändern,* damit euer ganzes Denken neu ausgerichtet wird. Nur dann könnt ihr beurteilen, was Gottes Wille ist, was gut und vollkommen ist und was ihm gefällt."

Willst du dich verändern lassen? Ich wüsste nicht, warum du sonst dieses Buch lesen solltest. Gibt es einen anderen Grund dafür? Ich meine, *Netflix* lockt, in der Spüle steht Geschirr, und es gibt 10.000 andere Dinge, die du jetzt tun könntest. Und doch bist du hier. Ich nehme also mal an, du bist hier, weil du wirklich hoffst, du könntest irgendwie eine radikale Veränderung erleben.

Wir werden einen Angriff führen. Einen Angriff, den die meisten Menschen, die bei klarem Verstand sind, nicht wagen würden. Noch schlimmer: Der Grund, warum sie diesen Kampf nicht kämpfen, ist der, dass sie nicht einmal erkennen, dass der Kampf stattfindet. Sie merken nicht, dass ein Kampf gegen sie im Gang ist, der mit aller Macht geführt wird. Sie sehen den Feind nicht, der ihnen nachstellt. Sie wissen nicht, dass sie gleich überrannt werden. Sie leben in völliger Unkenntnis.

Anderthalb Jahre lang habe ich auch so gelebt. Aber dann kam der Moment, an dem die Wahrheit durch meine Dunkelheit hindurchdrang – und sich alles verschob.

Aber wir wollen nicht naiv sein. Wenn unsere Gedankenwelt das tiefste, dunkelste Bollwerk des Feindes in uns ist, dann wird die ganze Hölle alles daransetzen zu verhindern, dass wir freikommen.

Wir werden das Problem nicht mit ein paar billigen Strategien angehen. Nein, wir werden in den Krieg ziehen gegen die Wurzel der Finsternis in uns. Und wenn wir die Wurzel entfernen wollen, werden wir tief graben müssen.

Es wird Mühe machen.

Es wird Geduld brauchen.

Wir werden jede Menge Gnade brauchen.

*

Nachdem ich meinen Freundinnen von diesen 18 Monaten meiner Abwärtsspirale des Zweifels erzählt hatte, führten wir, weil es so dringend war, alles, was Gott uns an geistlichen Waffenvorräten gab, gegen diese Bestie von Abwärtsspirale ins Feld. Als ich den Angriff des Feindes erst einmal erkannt hatte und anfing, mich zu wehren, blieb Heilung nicht lange aus.

In anderen Fällen, wo sich negative Muster schon tief eingegraben haben, braucht es Zeit für die Heilung. Aber die Waffen, mit denen wir kämpfen, sind immer dieselben. Jeden Tag aufs Neue kämpfen wir darum, dass wir es sind, die unsere Gedanken gefangen nehmen, und nicht unsere Gedanken uns.

Während ich den letzten Absatz schrieb, erhielt ich eine Nachricht von meiner Freundin, dass meine Website von einer Pornoseite gehackt worden sei. Aha. Ich rede davon, dass ich gegen den Teufel in den Kampf ziehe, und sofort marschiert er auf.

Zufall?

Glaube ich nicht.

WO GEDANKEN GEFANGEN GENOMMEN WERDEN

Ich habe es oben schon gesagt: Alle unsere Gedanken gefangen zu nehmen erscheint unmöglich. Denken wir nur daran, wie viele Gedanken wir jede Minute denken. Gehen wir aus von diesen 30.000 Gedanken pro Tag und 16 Stunden, in denen wir wach sind, dann könnten wir pro Minute etwa 31 Gedanken denken. Weißt du noch, dass ich gesagt habe, es ginge darum, nur einen einzigen Gedanken gefangen zu nehmen? Was wäre, wenn ein einziger Gedanke in der Lage wäre, unsere Abwärtsspiralen zu unterbrechen und Frieden in unser Gedankenkarussell zu bringen?

Das Leben des Apostels Paulus ist ein Musterbeispiel für diese Art von Unterbrechung. Nachdem ihm die Schuppen von den Augen gefallen waren, konzentrierte sich Paulus mit seinem ganzen Leben und Denken auf eine völlig neue Realität. Es gab keine andere Hoffnung, kein anderes Narrativ, keinen anderen Track mehr, der im Hintergrund lief. Er hat das, was ihn abgelenkt hat, abgestellt, und erlaubte sich nun, sich auf eine einfache Wahrheit zu konzentrieren:

„Christus ist mein Leben", schreibt Paulus in Philipper 1,21, „und das Sterben für mich nur Gewinn." Es dreht sich alles um Christus – immer.

Paulus hatte einen radikalen Umbruch erlebt, der ihn zu einem völlig anderen Menschen werden ließ. Er war nicht länger ein Sklave seiner Umstände oder seiner Gefühle. Jetzt entschied er sich für ein Leben im Bewusstsein der Kraft Christi, die in ihm, durch ihn und für ihn am Werk war. Paulus erfuhr nun die Kraft des Geistes – dieselbe Kraft, die Jesus von den Toten auferweckt hatte (Römer 8,11), und er lebte ganz entschieden im Wissen um diese Kraft und unter ihr.

Im vielleicht provokantesten Abschnitt seiner vielen provokanten Aussagen im Neuen Testament hat Paulus Folgendes zu sagen:

Natürlich bin auch ich nur ein Mensch, aber ich kämpfe nicht mit menschlichen Mitteln. Ich setze nicht die Waffen dieser Welt ein, sondern die Waffen Gottes. Sie sind mächtig genug, jede Festung zu zerstören, jedes menschliche Gedankengebäude niederzureißen, einfach alles zu vernichten, was sich stolz gegen Gott und seine Wahrheit erhebt. Alles menschliche Denken nehmen wir gefangen und unterstellen es Christus, dem es gehorchen muss. In diesem Sinn werden wir auch jeden Ungehorsam strafen. (2. Korinther 10,3–6)

In der Übertragung durch Eugene Peterson klingt das so:

Wir setzen unsere kraftvollen Gotteswerkzeuge ein und zerschmettern verworrene Philosophien, reißen Bollwerke ein, die gegen die Wahrheit Gottes errichtet wurden, und ordnen jeden freischwebenden Gedanken, jedes Gefühl, jeden Impuls ein in die Struktur eines Lebens, das von Christus geprägt ist. Wir haben unsere Werkzeuge stets griffbereit, um das Terrain von allem Hinderlichen zu säubern und ein Leben des Gehorsams bis zur vollen Reife zu führen. (2. Korinther 10,3–6; nach The Message)

Ich entnehme diesen Worten Folgendes: Du und ich, wir wurden von Gott mit Kraft ausgerüstet, um die Bollwerke in unserem Denken niederzureißen, um die Lügen zu vernichten, die unsere Denkmuster beherrschen. Wir haben die Kraft und die Befugnis dazu!

Und doch laufen wir durch die Gegend, als hätten wir keine Macht darüber, was wir in unser Denken einlassen.

Wenn unser Zweijähriger im Supermarkt einen Trotzanfall bekommt, schreiten wir ein und korrigieren ihn – aber unsere Gedanken lassen wir regelrecht Amok laufen, ohne ihnen auch nur das Mindeste entgegenzusetzen.

18 Monate lang dachte ich, ich wäre den Argumenten gegen Gottes Existenz, die in mir immer wieder aufstiegen, hilflos ausgeliefert. Kannst du das nachvollziehen? Hast du auch schon viel zu lange in dem Glauben gelebt, du wärst ein Opfer deiner Gedanken?

Paulus erklärt, dass wir nicht so leben müssen. Dass wir unsere Gedanken gefangen nehmen können. Und indem wir das tun, können wir unsere Kraft zum Guten und für Gott einsetzen und die Bollwerke links und rechts an unserem Weg einreißen.

DER GEDANKE, DER ALLES VERÄNDERT

Dass wir unsere Gedanken beherrschen können, klingt gut, oder? Und doch spüre ich, dass da eine leise Frage in dir aufkommt:

„Ähm … wie denn nur?"

Oder: „Oh danke, Jennie. Klingt großartig. Aber wie um alles in der Welt soll ich das anstellen?"

In den folgenden Kapiteln werden wir gemeinsam lernen, wie wir mit den Waffen, die Gott und gegeben hat, in den Kampf ziehen können. Mit diesen Waffen können wir sieben strategische Feinde aus dem Feld schlagen, die uns angreifen und unsere Bemühungen um gradliniges, gesundes Denken untergraben.

Der größere Zusammenhang ist der: In unserer Gedankenwelt herrscht Chaos. Diese Gedanken führen oft zu unkontrollierbaren Gefühlen, stimmt's? Und diese Gefühle diktieren, wie wir uns verhalten.

Unser Verhalten wiederum beeinflusst unsere Beziehungen dramatisch, damit setzt sich die Abwärtsspirale, die wir oben betrachtet haben, fort.

Was hiermit gesagt sein soll: *Wie wir denken* hat direkte Folgen dafür, *wie wir leben.*

Das klingt vielleicht beängstigend, aber in Wirklichkeit ist es höchst interessant. Im Moment musst du mir einfach mal glauben.

Was ich jedoch weiß, ist dies: Wir sind vielleicht nicht in der Lage, jeden Gedanken in jeder Situation, mit der wir täglich konfrontiert sind, gefangen zu nehmen. Aber wir können lernen, einen Gedanken gefangen zu nehmen und dadurch auf alle weiteren Gedanken einzuwirken.

Also, was ist dieser eine Gedanke, der erfolgreich alle negativen Denkmuster unterbrechen kann? Er lautet:

Ich habe eine Wahl.

Das war's.

Der einzigartige Gedanke, der alles verändert, ist: *Ich habe eine Wahl.*

Wenn du an Jesus als deinen Erlöser glaubst, ist Gottes Kraft zu wählen in dir lebendig. Du bist nicht länger ein Sklave von Leidenschaften, Begierden, Bollwerken, Sünden aller Art. Du verfügst über eine gottgegebene, von Gott bestärkte und von ihm erlöste Fähigkeit zu wählen, worüber du nachdenken willst. Du hast die Wahl, wofür du deine Energie einsetzen willst. Du hast eine Wahl, wofür du leben willst.

Ich habe eine Wahl.

Wir sind unserem Verhalten, unseren Genen oder Umständen nicht ausgeliefert.

Wir sind unseren Leidenschaften, Begierden oder Gefühlen nicht ausgeliefert.

Wir sind unseren Gedanken nicht ausgeliefert.

Wir haben eine Wahl, denn wir sind Eroberer und verfügen über Waffen, mit denen wir Bollwerke niederreißen können.

Es stimmt, unsere Lebensumstände wählen wir selten selbst. Aber Paulus sagt, wir haben die Wahl, wie wir über diese manchmal herausfordernden Dinge denken wollen. Und das ist eine Wahrheit, die ich liebe. Ich liebe sie, weil ich so oft mit Frauen zusammensitze, mir ihre Geschichten anhöre – und dann spielt es keine Rolle, in welchem Land oder welcher Stadt wir gerade sind, unsere Kämpfe sind immer dieselben. Ich rede mit Frauen in einfachen Lehmhütten in Uganda. Ich sitze mit ihnen auf dem Lehmboden, wir brauchen Übersetzer, aber sie erzählen mir von denselben Ängsten um ihre Kinder, die ich um meine habe.

Die Menschen, die mich beeindrucken, sind Menschen, die sich entschlossen haben, Jesus mehr zu vertrauen als ihren eigenen Möglichkeiten, dafür zu sorgen, dass alles gut läuft.

Die Helden des Glaubens sind ihren eigenen Gedanken nicht ausgeliefert.

Sie sind ihren Gefühlen nicht ausgeliefert.

Sie glauben an ein vorrangiges Ziel und mit jedem Fünkchen Energie arbeiten sie daran, über Christus nachzudenken.

Jesus ist das Zentrum, um das ihr Denken kreist. Und wenn die Gedanken sich im Kreis drehen, fixieren sie sich auf ihn.

Was zu der Frage führt: „Worauf fixierst du dich?"

Du kennst deine Fixierung. Das, woran du ständig denkst. Mal ehrlich.

Meine besten Freundinnen kennen meine Fixierungen, denn die lassen sich nicht so leicht verbergen. Unsere Fixierungen zeigen sich in unseren Worten, in unseren Gefühlen und in unseren Entscheidungen. Sie stehen im Fokus der Bücher, die wir lesen, der Podcasts, die wir abonnieren, der Webseiten, die wir aufrufen, der Gruppen, denen wir uns anschließen, und der Obsessionen, die wir verfolgen.

Bist du fixiert auf die Angst, deine Kinder könnten eines Tages aus dem Ruder laufen? Du wirst eine Menge Erziehungsratgeber lesen.

Sorgst du dich darum, du könntest krank werden oder du seist nicht supergesund? Du dürftest dir massenweise Podcasts zu Gesundheitsthemen anhören und ein kleines Vermögen in alternative Arzneimittel investieren.

Ich habe schon früher über meine Essstörung während meiner Collegezeit und noch einige Jahre danach geschrieben. Es fing damit an, dass ich Cheerleader an der *University of Arkansas* war. In dieser Zeit wurden wir jede Woche gewogen. Wenn eine aus dem Team mehr als ein Kilo pro Woche zugenommen hatte, war sie beim nächsten Auftritt nicht dabei.

Damals war ich von den Gedanken ans Essen und an Sport regelrecht besessen.

Irgendwann gab es für mich keine Wiege-Termine mehr, aber meine Besessenheit war immer noch da. Meine Fixierung aufs Essen war der Ort, an dem ich mich gefangen fühlte.

Doch dann las ich die bekannten Worte von Paulus: Ich konnte meine Gedanken gefangen nehmen und Christus unterstellen.

Das traf mich wie ein Blitz.

Die Abwärtsspirale war gestoppt.

Ich hatte wieder Macht über mein Leben und über mein Denken.

Gott hat dir die Macht gegeben, diese Fixierung zu unterbrechen! Das hat mir dieser Vers von Paulus damals gesagt. Das war es, was ich so verzweifelt nötig hatte zu hören.

Blieb nur die Frage: *Wie?* Wie konnte ich aus meiner Abwärtsspirale aussteigen?

Für dich lautet die Antwort vielleicht: durch Seelsorge oder Beratung. Oder durch Gemeinschaft. Oder durch Fasten. Ganz sicher durch Beten.

Für uns beide, dich und mich, wird sich die Antwort auf Gott konzentrieren – auf seine Gegenwart, auf seine Macht, auf seine Gnade, auf sein Wort.

Jede Spirale lässt sich unterbrechen. Keine Fixierung existiert außerhalb der Reichweite Gottes – und seine Arme sind lang. Weil wir eine „neue Schöpfung" sind, haben wir eine Wahl (2. Korinther 5,17).

Er hat uns die Kraft, die entsprechenden Werkzeuge und seinen Geist gegeben, um aus unserer Abwärtsspirale auszusteigen. Wenn wir bereit sind, hier Initiative zu ergreifen, kommen ein paar recht coole Sachen zum Vorschein.

Wenn wir neue Gedanken denken, verändern wir unser Gehirn in physischer Hinsicht.

Wenn wir neue Gedanken denken, bilden wir gesündere Nervenbahnen aus.

Wenn wir neue Gedanken denken, legen wir neue Spuren.

Wenn wir neue Gedanken denken, ändert sich alles für uns.

RESET IM HIRN

Während meiner Studien über das Gehirn stieß ich auf einen Autor namens Dr. Dan Siegel, Professor für klinische Psychiatrie. Er schreibt in einer seiner Publikationen: „Die Dinge, auf die unsere Aufmerksamkeit gerichtet ist, stärken unsere Neuronen und lassen Neuronenverbindungen wachsen... Muster, die man einmal für unabänderlich gehalten hat, sind in Wirklichkeit mit geistiger Anstrengung veränderbar... Im Bereich der Gehirnaktivität und unseres Bewusstseins sind wir keineswegs zur Passivität verdammt."[8]

Unser Gehirn wird zu dem, was wir denken. Worauf wir uns konzentrieren, bestimmt neurologisch, wer wir sein werden.

Letztlich hängt alles an einem Gedanken.

Und dann wieder an einem.

Und danach an noch einem.

Mit anderen Worten: Sag mir, was in deinen Gedanken passiert, und ich sage dir, wer du bist.

Nehmen wir einmal meinen Sohn Cooper als Beispiel. Er ist zehn. Wenn er in eine Gedankenspirale gerät, wenn Gedanken, Körper und Gefühle ihn immer weiter runterziehen, bemühe ich mich, diese Spirale zu unterbrechen. Ich versuche ihm zu helfen, seine Gedanken auf etwas anderes zu richten.

„Stopp mal, Cooper", sage ich dann. „Ich liebe dich. Du bist okay, so wie du bist. Du brauchst nicht in Panik zu geraten. Du kannst dich anders entscheiden. Du musst dich von dieser Sache nicht überrollen lassen."

Ich sage Cooper, was eine Tatsache ist.

Ich sage Cooper, was wahr ist.

Und dann bemühe ich mich, mich daran zu erinnern: Was für ihn gilt, gilt auch für mich.

Soll ich dir ein Geheimnis verraten? Das Ganze gilt auch für dich.

Wenn wir Eltern sind, sind wir ständig dabei, unsere Kinder in die richtige Richtung zu steuern. Warum tun wir es nicht auch mit uns? Zunächst müssen wir uns natürlich klarmachen, dass Veränderung möglich ist. Ich kann es nicht oft genug sagen: *Wir haben eine Wahl!* Und je mehr wir diese Wahrheit verinnerlichen, umso leichter wird es, die Abwärtsspirale unserer Gedanken zu unterbrechen.

Als ich damit begann, die Muster einzuüben, die wir gemeinsam durchexerzieren wollen, wurde mein Umgang mit meinen Gedanken disziplinierter. Sieh dir bitte auf der nächsten Seite das folgende Schaubild an. Beginne jedoch diesmal unten, bei den Gedanken und Gefühlen, die außer Kontrolle geraten. Und schau dir an, wie wir sie stoppen und verändern können, indem wir uns für den Geist Christi entscheiden.

In diesem Kampf ist für mich absolut nachvollziehbar geworden, was Paulus im Römerbrief schreibt: „Ich stimme Gottes Gesetz aus tiefster Überzeugung und mit Freude zu. Dennoch handle ich nach einem anderen Gesetz, das in mir wohnt. Dieses Gesetz kämpft gegen das, was ich innerlich als richtig erkannt habe, und macht mich zu seinem Gefangenen. Es ist das Gesetz der Sünde, das mein Handeln bestimmt" (Römer 7,22–23).

Dieser Kampf wird täglich geführt! Ich bin darin vielleicht noch nicht perfekt, aber ich habe beachtliche Fortschritte gemacht. Die Veränderung, die früher unmöglich erschien oder bestenfalls denkbar, war auf einmal in Sicht.

Wohin sind wir unterwegs, du und ich? Zu einem Ziel, das noch einen Schritt über das hinausgeht, was Paulus beschreibt. Ausgehend von dem, was er vor langer Zeit der Gemeinde in Rom schrieb, können wir lernen, auf unsere Gedankenwelt zu achten – sogar so weit, dass es für uns zu einem Reflex oder einer intuitiven Reaktion wird, unsere Gedanken zu beherrschen.

In Römer 8,5 schreibt Paulus: „Wer von seiner sündigen Natur bestimmt ist, der folgt seinen selbstsüchtigen Wünschen. Wenn aber Gottes Geist uns leitet, richten wir uns nach seinem Willen aus." Dann fährt er fort:

Wozu uns die alte, sündige Natur treibt, das bringt den Tod. Folgen wir aber dem, was Gottes Geist will, so bringt das Frieden und Leben. Wenn wir uns von unserer sündigen Natur bestimmen lassen, leben wir in Auflehnung gegenüber Gott. Denn die alte Natur ist nicht bereit, sich Gottes Gesetz unterzuordnen. Ja, sie kann das gar nicht. Deshalb kann Gott an solchen Menschen keinen Gefallen finden.

KONSEQUENZEN

BEZIEHUNGEN

VERHALTEN

GEDANKEN

ICH HABE EINE WAHL
DEN GEIST CHRISTI

GEFÜHL

Nun aber seid ihr nicht länger eurem selbstsüchtigen Wesen aus-
geliefert, denn Gottes Geist bestimmt euer Leben – schließlich
wohnt er ja in euch! Seid euch darüber im Klaren: Wer den
Geist von Jesus Christus nicht hat, der gehört auch nicht zu ihm.
Wenn Christus in euch lebt, dann ist zwar euer Körper wegen
der Sünde noch dem Tod ausgeliefert. Doch Gottes Geist schenkt
euch ein neues Leben, weil Gott euch angenommen hat. Ist der
Geist Gottes in euch, so wird Gott, der Jesus Christus von den
Toten auferweckt hat, auch euren vergänglichen Körper lebendig
machen; sein Geist wohnt ja in euch. (Römer 8,6–11)

Ich habe diesen Absatz in den letzten Monaten immer wieder gelesen und darüber nachgedacht, wie das Leben wohl wäre, wenn ich
wirklich eine Gedankenwelt haben könnte, die um den Geist Gottes kreist. Einen Geist voller Leben und Frieden. Einen Geist, der
beständig über Gott nachdenkt – darüber, wer er ist und was er für
mich will. Ich sehne mich so sehr nach dem „vollkommenen Frieden", den Gott verspricht, wenn mein Geist unbeirrbar auf ihn gerichtet ist (Jesaja 60,3).

Auch hier gilt: Man muss nicht unbedingt perfekt, aber doch
regelmäßiger so denken.

Ich möchte in den Denkmustern, die mit dem Geist Gottes in
Einklang stehen, so versiert sein, dass es zu meiner automatischen
Reaktion wird, in allem nicht auf die Dinge dieser Welt zu ver-
trauen, sondern auf den Geist Gottes.

Das ist das Ziel unserer bewussten Unterbrechungen: Wir stoppen die verrückten Denkspiralen in unserem Kopf auf der Stelle.

Wenn wir diese Kunst der Unterbrechungen üben, schalten wir
um in eine ganz neue Geisteshaltung. Und mit jedem Umschalten
wachsen wir ein wenig weiter in Richtung des Geistes Christi.

- Wenn wir in einer Spirale aus Lärm und Ablenkungen gefangen sind, haben wir die Wahl, unseren Geist auf Gott zurückzuschalten – durch Stille.
- Wenn wir in einer Spirale aus Isolation gefangen sind, haben wir die Wahl, unseren Geist auf Gott zurückzuschalten – durch Gemeinschaft.
- Wenn wir in einer Spirale aus Angst gefangen sind, haben wir die Wahl, unseren Geist auf Gott zurückzuschalten – durch Vertrauen in seine guten und souveränen Absichten.
- Wenn wir in einer Spirale aus Zynismus gefangen sind, haben wir die Wahl, unseren Geist auf Gott zurückzuschalten – durch Anbetung.
- Wenn wir in einer Spirale aus Selbstüberschätzung gefangen sind, haben wir die Wahl, unseren Geist auf Gott zurückzuschalten – durch Demut.
- Wenn wir in einer Spirale aus Opfermentalität gefangen sind, haben wir die Wahl, unseren Geist auf Gott zurückzuschalten – durch Dankbarkeit.
- Wenn wir in einer Spirale aus Selbstzufriedenheit gefangen sind, haben wir die Wahl, unseren Geist auf Gott zurückzuschalten – durch Dienst für Gott und für andere Menschen.

Es sollte hier noch erwähnt werden: Nach diesem einen Tag mit Fasten und Beten, der mich dazu brachte, das Einüben der paulinischen Denkmuster, um die es in Teil 2 dieses Buches geht, in meinen Fokus zu nehmen, bin ich nie mehr mitten in der Nacht angsterfüllt aufgewacht – schon seit einem Jahr nicht mehr.

Vielleicht wirst du in ganz ähnlicher Weise feststellen, dass manche Gedanken, wenn du erst mal aus ihnen aussteigst, ganz einfach ihre Macht verlieren. Gott kann das bewirken.

Andere Gedanken müssen dagegen vielleicht jeden Tag aufs Neue gefangen genommen und umgelenkt werden. Oder jede Stunde. Manchmal noch öfter. Aber diese tödlichen Gedanken können gefangen genommen werden. Sie können begrenzt werden.

Wir können auch aus der steilsten Abwärtsspirale befreit werden.

Wir können lernen, auf unsere Gedankenwelt zu achten.

Wir können leben, als hätten wir diesbezüglich eine Wahl, denn die Wahrheit ist: *Wir haben eine Wahl.*

Ein himmlischer Vater gab alles hin, damit ich frei sein kann. Alles, damit ich diesen Ausweg wählen kann. Er schuf diesen Ausweg durch die Liebe und den Tod seines Sohnes Jesus. Wenn wir Gedanken denken, die Leben und Frieden schenken, bekommen wir nicht nur bessere Gedanken, wir bekommen mehr von Gott.

Vielleicht wachen wir immer noch mitten in der Nacht auf, wenn alles dunkel ist. Aber statt uns innerlich aufzuregen und zuzulassen, dass alle erdenklichen Schreckensszenarien in unserem Hirn Amok laufen, können wir Gott finden, uns an seine Freundlichkeit erinnern und beten.

Die Schlacht um unsere Gedanken wird gewonnen, wenn wir uns auf Jesus ausrichten – jeden Augenblick, jede Stunde, jeden Tag.

UMSCHALTEN

Vor ein paar Monaten habe ich mich mit einer Gruppe von Frauen getroffen, um uns mit den Themen zu beschäftigen, die auch hier Thema sind. Wir trafen uns sechs Wochen lang und in dieser Zeit geschahen lebensverändernde Dinge. Als die Frauen am ersten Abend in die Kirche kamen, in der wir uns trafen, empfing sie ein riesiges Whiteboard mit der Frage: „Woran denkst du?" Viele bunte Haftzettel klebten an dem Board. Darauf standen Themen, die in unseren Köpfen Raum beanspruchen, zum Beispiel:

- Was denken andere von mir?
- Finanzen
- Pläne
- Urlaub
- das Wochenende
- die Nachrichten

Die Teilnehmerinnen wurden gebeten zu überlegen, welche der Themen sie besonders beschäftigten, und dann den entsprechenden Zettel von der Tafel zu nehmen. Die Aufgabe war herausfordernd.

Anschließend wertete ich mit meinem Team die Übung aus: Welche Gedanken waren von wie vielen Frauen gewählt worden? Und welche hingen noch an der Tafel?

Wenn man Tante Google fragt, wie viele der zahllosen Gedanken, die wir täglich denken, positiv und wie viele negativ sind, stellt man fest: Weitaus die meisten – nach manchen Studien ganze 70 Prozent – sind negativ.[9]

Obwohl unter den vorgeschlagenen Themen zahlreiche positive waren, rate, welche Themen gewählt wurden?

- Stress im Job
- Finanzieller Stress
- Bin ich gut genug?
- Bin ich wertvoll?
- Scheitern
- Abgelehnt werden
- Schmerz

Rate, welche Themen kaum angerührt wurden?

- Dinge, die mir Freude machen
- Kraft
- Schöne Erinnerungen
- Mein Herz

„Wandern" wurde dreimal gewählt, zumindest das.

Ich muss dir jetzt sagen, dass ich aufgrund der gewählten Themen ziemlich genau wusste, welche Grundannahmen diese Frauen beherrschten. Grundannahmen wie: „Wenn die Leute wüssten, wie sehr ich versagt habe, würde mich niemand mehr lieben", oder „Mein Wert hängt daran, dass ich perfekt bin. Kein Wunder, dass ich nicht viel wert bin".

Als Folge solcher Grundannahmen tauchen Gefühle auf: Enttäuschung, Zorn, Mutlosigkeit, Hoffnungslosigkeit, Verlegenheit, Minderwertigkeitsgefühle, Scham.

Und aufgrund dieser Gefühle bilden sich Überzeugungen: „Ich werde es beruflich nie zu etwas bringen", „Ich werde nie gut genug sein", „Ich werde nie angenommen und geliebt sein", „Ich werde nie aus meinen Schulden herauskommen".

Und aus diesen Überzeugungen erwachsen Verhaltensmuster: Wir betäuben unseren Schmerz. Wir verstecken unsere Angst. Wir täuschen vor, dass wir glücklich sind. Wir „klappen das Visier runter".

Diese Verhaltensmuster formen Gewohnheiten, die unseren Lebensstil prägen, der wiederum unsere Tage gestaltet.

Kein Wunder, dass es uns oft so schwerfällt, Veränderungen durchzuhalten. Wir fallen diesen 70 Prozent negativer Gedanken zum Opfer und eines Tages wachen wir auf und fühlen uns endgültig geschlagen.

Wir brauchen eine neue Normalität, und diese Haftzettel dienten nur dazu, das zu bestätigen.

Es stimmt: Die Hauptempfindung mancher Menschen – und vielleicht gehörst du dazu – ist in bestimmten Momenten so etwas wie Frieden oder Zufriedenheit oder Freude. Aber gib diesen Menschen einen Tag oder eine Woche oder einen Monat und auch sie stecken in Schwierigkeiten. Schwierigkeiten gibt es doch immer, oder? Wir leben in einer schwierigen Welt.

Jesus hat es uns gesagt: „In der Welt werdet ihr hart bedrängt" (Johannes 16,33).

Aber hier ist die gute Nachricht: Wenn wir erst einmal durchschauen, wie ein vorherrschendes Gefühl mit unverblümten Lügen verknüpft ist, die uns das Leben aussaugen, beginnen wir zu sehen, dass alles, was wir für ein Leben in Gott brauchen, uns bereits gegeben wurde (2. Petrus 1,3) – und das heißt, wir erleben Heilung und leben ein Leben, das zählt.

Im Lauf des letzten Jahres, seit meiner Rückkehr von meiner Reise nach Uganda, habe ich begonnen, diesen Fluchtplan „Umschalten" zu nennen. Wenn ich feststecke in bestimmten Denkmustern, die mir ganz sicher nicht guttun, kann ich diesem Denkmuster entkommen und ein neues an dessen Stelle setzen. Ich kann gedanklich umschalten. Und indem ich mein Denken verändere, kann ich meine Gefühle verändern – und das unterbricht den ganzen Ablauf, den wir oben betrachtet haben und der bedingt, wie ich mein Leben erlebe.

Und was ist das Beste daran? Du kannst das auch. Du musst dich nicht immer weiter runterziehen lassen und als verschrecktes Häufchen Elend enden. Du musst dich nicht von Ängsten und Zweifeln beherrschen lassen. Du musst nicht über jede schreckliche Eventualität grübeln, die vielleicht passieren könnte.

Halten wir uns an Paulus: Wenn wir umschalten wollen von „verworrenen Philosophien" (auch bekannt als erdrückender Zweifel) und „Bollwerke[n], die gegen die Wahrheit Gottes errichtet wurden" (auch bekannt als Unglaube) und uns stattdessen auf etwas ausrichten wollen, das eher zu einem „Leben, das von Christus geprägt ist" passt, müssen wir zu den Waffen greifen und die Bollwerke zerstören, die unsere Gedankenwelt beherrschen. (2. Korinther 10,6; nach *The Message*)

Dafür müssen wir natürlich zuerst lernen, diese Bollwerke zu erkennen.

DIE LANDKARTE DEINER GEDANKENWELT

Wir fangen damit an, dass wir uns bewusst machen, was unsere Gedanken beschäftigt, nehmen diesen Gedanken in den Blick und identifizieren ihn als das, was er ist. Was ich hier noch erwähnen sollte: Das Böse will nie erkannt werden. Es schleicht sich ein und besetzt unser Denken, und wir bemerken kaum, dass etwas nicht stimmt. Ich zumindest habe es kaum bemerkt.

Also hier meine Empfehlung für unser Wahrnehmen. Dafür, dass wir darüber nachdenken, worüber wir nachdenken.

- Gott ist weit weg
  - Tue nicht genug
    für Gott
- Freue mich auf den
  neuen Hauskreis

GLAUBE

- Morgen Deadline
  für Projekt
- Stress mit Kollegin
  - Fühle mich im
    Job unsicher

JOB

ÜBERFORDERT

FREUNDE

- Ziemlich einsam in
  letzter Zeit
- Ich gebe und gebe und
  kriege nichts zurück
  - Interessante neue
    Leute kennengelernt

GESUNDHEIT/ LOOK

- Mag mein
  Gewicht nicht
- Beunruhigt wegen
  Arzttermin
- Immer wieder
  Angstanfälle

Wenn du geneigt bist, diesem „Wir denken darüber nach, was wir denken" eine Chance zu geben, dann nimm jetzt ein Tagebuch und einen Stift zur Hand. Fertig?

Schritt 1

Für diese Übung kannst du, falls nötig, auf die Illustration auf S. 65 zurückgreifen. Notiere jetzt in der Mitte einer leeren Seite das vorrangige Gefühl, das du gerade empfindest. Es kann ein angenehmes oder ein unangenehmes Gefühl sein.

Vielleicht schreibst du nervös.

Oder im Frieden.

Zornig.

Ängstlich.

Was immer du empfindest, schreib es auf. Jetzt ziehe einen großen Kreis um dieses Wort.

Um diesen großen Kreis herum schreibst du alles, was dir einfällt, was zu diesem Gefühl beiträgt. Vielleicht schreibst du „Wäsche ist nicht fertig" oder „Job" oder „Kinder" oder „Finanzen" oder „Figurprobleme". Ziehe um jeden dieser Einträge einen kleinen Kreis und von jedem Kreis eine Verbindung zum großen Kreis. Neben jedem kleinen Kreis listest du auf, wie der genannte Faktor zu dem Gefühl beiträgt, das du empfindest.

Bleib dran, bis du alle Möglichkeiten erfasst hast, die dein Hauptgefühl mit auslösen.

Schritt 2

Sprich mit Gott über deine Liste. Bete mit dem aufgeschlagenen Tagebuch und sprich alles mit Gott durch, was du notiert hast. Schlag die Bibel auf und suche in Gottes Wort die Wahrheiten, die er uns darin wissen lässt. Bitte Gott, dir zu zeigen, wo du etwas Falsches glaubst – im Blick auf ihn und im Blick auf dich selbst.

Bereit für den nächsten Schritt?

Schritt 3

Versuche, Muster und wiederkehrende Themen in deinen Kreisen zu finden:

- Machst du dir Sorgen über Dinge, auf die du keinen Einfluss hast?
- Bist zu zornig, weil man dich ungerecht behandelt hat?
- Bist du fixiert auf das, was du nicht hast?
- Haben Essen, Sex, Unterhaltung, Geld... dein Denken besetzt?
- Schämst du dich für etwas, was du früher getan hast?
- Bist du überkritisch dir selbst gegenüber?

Okay. Warum habe ich dir diese Übung vorgeschlagen? Ich wollte dir bildlich vor Augen führen, wie deine Gedanken eine Geschichte über Gott konstruieren – und diese Geschichte ist entweder wahr oder unwahr.

Wenn wir unsere ungesunden Denkmuster abstellen wollen, müssen wir zuerst wahrnehmen, was abläuft, und dann Gegenmaßnahmen ergreifen, indem wir jede Lüge über Gott, die wir glauben, mit der Wahrheit entkräften, die die Abwärtsspirale unterbricht.

Und um das erfolgreich zu tun, brauchen wir ein wenig Hilfe.

DER GEIST VON CHRISTUS

Es ist so gut wie unmöglich, sich in unserer Kultur zu bewegen, ohne mit Botschaften darüber überflutet zu werden, wie wir besser sein und es besser machen können. In zahllosen Ratgebern, Artikeln, Internetseiten zur Selbstoptimierung sprechen „Experten" direkt unser Bedürfnis an, Hoffnung zu haben. Wir verspüren eine Woge von Optimismus – Vorfreude begeistert uns –, wenn wir hören, wie das richtige Mantra, die richtige Gymnastik, der richtige Finanzplan, das richtige Ziel uns in das bessere und erfülltere Leben katapultieren kann, von dem wir spüren, dass wir es verdienen.

Wer genießt es nicht, mit anderen mitzuhalten, zu planen und zu entscheiden, voranzugehen und zu wachsen? Wem gefiele die Vorstellung nicht, dass wir mit ein wenig Willenskraft besser sein könnten, als wir je waren? Niemand von uns will da steckenbleiben, wo er gerade ist. Wir wollen alle erfolgreich sein und uns entfalten.

Auch wenn die Lifestyle-Gurus von heute bombastische Erfolge feiern – die Idee, das eigene Leben zu verbessern, ist nicht neu. Schon Jahrhunderte vor Jesus schrieben die Leute ethische Leitfäden, um Menschen zu helfen, ein weiseres und besseres Leben zu wählen.

Die Selbstverbesserungskultur, wie wir sie heute kennen, hat ihre wichtigsten Ursprünge im 19. Jahrhundert. So schrieb Samuel Smiles im Jahr 1859 ein Buch mit dem bezeichnenden Titel *Self-Help* (Hilf dir selbst). Vielleicht erkennst du den bekannten Leitsatz wieder, den Smiles auch aufgreift: „Hilf dir selbst, dann hilft dir Gott." Das ist eine Botschaft, die so bereitwillig angenommen wird, dass viele Menschen überzeugt sind, es sei ein Bibelzitat. Nun, das ist es nicht – nirgends in der ganzen Bibel findet sich dieser Satz. Wer braucht schon Gott, wenn der wirkliche Helfer in uns ist, unser Selbst? Vorstellungen wie diese haben mitgeholfen, die Selbstverbesserungsindustrie ins Leben zu rufen.

Die Zeit schritt voran und andere griffen das Anliegen auf.

Dale Carnegie veröffentlichte den Titel *Wie man Freunde gewinnt – Die Kunst, beliebt und einflussreich zu werden.*

Die Psychotherapie trat ihren Siegeszug an.

Werbevideos wurden populär.

Motivationstrainer zogen die Massen an.

Und nun sitzen wir hier in einer Post-Wahrheits-Gesellschaft und werden bombardiert mit den Verheißungen von Glück, Wohlstand, Erfüllung unseres Lebens und aller unserer Träume. Aber wir sind zutiefst unglücklich. Warum? Weil die Selbstverbesserungsideologie – auch wenn sie manches Gute hervorbringt – letzten Endes doch immer zu kurz greift.

Das Beste, was Selbstverbesserung zu unserem Leid, unseren Mängeln, unseren emotionalen Abstürzen zu sagen hat, ist, diese Dinge abzulehnen, entschlossen zu sein, es besser zu machen und zu erklären: „Heute hat diese Schrecklichkeit ein Ende."

Aber wir brauchen nicht nur eine Unterbrechung unserer negativen Gedankenkreisläufe. Was wir brauchen, ist ein erlöstes Denken.

Knechtschaft erfordert Rettung.
Unterdrückung muss aufgehoben werden.
Blindheit sehnt sich nach Durchblick.
Eigensinn muss verwandelt werden.

Keine selbst hervorgebrachte Erklärung – so laut und leidenschaftlich sie auch sein mag – kann diese Befreiung mit sich bringen. Nein, wir brauchen eine grundlegende Verwandlung: Anstelle unseres Denkens brauchen wir den Geist Christi.

Wir sind nicht dazu geschaffen, noch mehr gute Gedanken über uns selbst zu denken. Wir sind dazu geschaffen, weniger über uns selbst und mehr über unseren Schöpfer und über andere Menschen nachzudenken und darin Leben und Frieden zu finden.

„Setzt euch zuerst für Gottes Reich ein", hat Jesus gesagt (Matthäus 6,33).

Das größte Gebot? Liebe Gott und liebe deinen Nächsten (Matthäus 22,37–39).

Die einzig richtige Selbsthilfestrategie für uns als Nachfolger von Jesus ist der Glaube daran, wer wir sind – Töchter und Söhne des

Herrschers über das Universum –, und das Wissen, dass unsere Identität besiegelt ist durch das Blut, das Gottes eigener Sohn für uns vergossen hat.

Wenn wir so von uns selbst denken, werden unsere Gedanken weniger um uns selbst und mehr um die Aufgabe kreisen, die uns gegeben wurde: Gott zu lieben und ebenso auch die Menschen, die Gott uns in den Weg stellt, egal, wie die Umstände sind.

Sicher, gewisse Fortschritte können wir auch aus eigener Kraft erzielen. Aber damit haben wir noch nicht die Früchte des Geistes vorzuweisen und auch nicht den Geist von Christus. Liegen dann alle, die uns drängen, unser Leben selbst in die Hand zu nehmen, völlig falsch? Nein. Wir müssen unseren Teil beitragen. Aber unsere Anstrengung allein wird uns nicht über die Ziellinie tragen, wenn keine Kraft von außen unser Inneres verwandelt.

Was tut man, wenn man einen Gedanken gefangen genommen hat? Man unterstellt diesen Gedanken Christus. Auf diese Weise erfahren wir den neuen Geist, die neue Identität, die neue Lebensweise, die ihre Kraft vom Geist Gottes empfängt.

Die Welt versteht, dass es ohne Anstrengung keinen Fortschritt gibt. Sie versteht es besser als manche Christen. Aber alle Selbstverbesserungsbestrebungen können bestenfalls eine bessere Version von uns hervorbringen – Christus dagegen geht es um eine völlige Erneuerung unseres innersten Kerns. Gott in uns. Der Geist Christi. Die Frucht des Geistes, die durch uns konkret wird. Aus uns sterbenden, vertrockneten Nadelbäumen werden blühende, fruchtbare Obstbäume. Es ist eine völlig neue Schöpfung.

Dieser Einsatz, dieses Umschalten, das wir vornehmen, könnte das Wichtigste sein, was wir je getan haben. Aber wir tun es nicht nur als eine weitere Selbstverbesserungsstrategie. Wir tun es, weil wir als neue Geschöpfe leben wollen, weil wir ein Leben wollen, das wirklich zählt, ein Leben in Christus, das Gott verheißen hat.

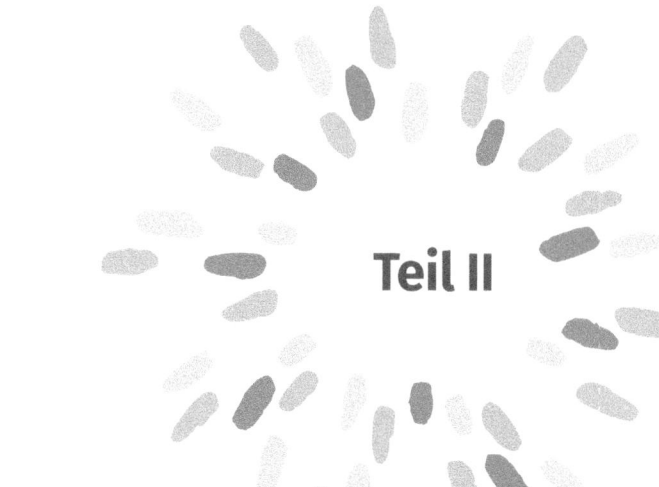

Teil II

DIE FEINDE UNSERES DENKENS ENTMACHTEN

DIE FRONTEN KLÄREN

Bevor wir uns zum nächsten Teil aufmachen, möchte ich dich ganz nah zu mir bitten und dir sagen, was wir vorhaben und warum.

Ich werde dich für den Kampf trainieren.

Erinnern wir uns noch mal: Die größte spirituelle Schlacht unserer Generation findet zwischen unseren Ohren statt. Dort ist das Epizentrum der Schlacht.

- Bevor Eva von der Frucht aß, hatte sie einen Gedanken: Die Frucht „wirkte verlockend und klug würde sie davon werden". Und dann „pflückte [sie] eine Frucht und biss hinein" (1. Mose 3,6).
- Bei David war es ebenso. Bevor er mit Bathseba schlief und ihren Mann töten ließ, hatte er einen Gedanken: „[Diese Frau] war sehr schön" (2. Samuel 11,2).
- Bevor Maria Jesus zur Welt brachte, hatte sie einen Gedanken: „Ich will mich dem Herrn ganz zur Verfügung stellen ... Alles soll so geschehen, wie du es mir gesagt hast" (Lukas 1,38).
- Bevor Jesus den Weg ans Kreuz ging, hatte er einen Gedanken: „Vater ... nicht was ich will, sondern was du willst, soll geschehen" (Lukas 22,42).

Was wir denken, prägt unser Leben.

Jeder großartigen oder schrecklichen Tat in der Menschheitsgeschichte oder in unserem eigenen Leben geht ein Gedanke voraus.

Und dieser eine Gedanke vervielfältigt sich, bis die vielen Gedanken zu einer Geisteshaltung werden, oft, ohne dass wir es überhaupt merken. Unser Ziel ist deshalb, uns dessen bewusst zu werden, was wir denken, und durch unsere Gedanken unsere Geisteshaltung so zu prägen, dass sie zu den Ergebnissen führt, die wir uns wünschen und die Gott sich für uns wünscht.

Ein einziger Gedanke, der von unserer Ehrfurcht vor Gott geprägt ist, hat das Potenzial, den Verlauf von Geschichte und Ewigkeit zu verändern. Umgekehrt hat eine einzige Lüge, die sich in meinem Kopf immer wiederholt, das Potenzial, in meinem Umfeld unvorstellbare Zerstörungen anzurichten.

Die Schlacht findet nicht da statt, wo du deine Kinder anschreist oder deine Steuererklärung schönst oder stundenlang auf dein Handy starrst. Nicht mal da, wo du dich im Obdachlosenheim engagierst oder eine Aufgabe in deiner Gemeinde übernimmst.

Das Zentrum der Schlacht – der Ursprung jedes Wortes, das aus deinem Mund kommt, und jeder Tat, die dein Leben hervorbringt – liegt in deiner Gedankenwelt.

Du bist nicht, was du isst.

Du bist nicht, was du tust.

Du bist, was du denkst.

„Achte auf deine Gedanken, denn sie entscheiden über dein Leben!", sagt die Bibel (Sprüche 4,23).

Der Feind weiß, dass wir sind, was wir denken – wenn wir also Dinge über uns glauben, die nicht wahr sind, dann glauben wir, was der Feind uns glauben machen will, und nicht das, was Gott möchte, dass wir es glauben.

*

Vermutlich kennst du den Gedanken, den du am häufigsten denkst, nur zu gut, diesen einen zäh-klebrigen Gedanken, der sich mehr als alles auf deine anderen Gedanken und ja, auch auf dein Verhalten, auswirkt.

Der Feind wird dir einreden, Veränderung sei unmöglich, du seist ein Opfer der Umstände und deiner Denkmuster.

Der Feind will, dass du dich damit abfindest, dass du einen Weg findest, irgendwie gerade eben so zu überleben und ein bisschen glücklich zu sein.

Der Feind will dich drängen zu akzeptieren, dass „du nun mal so bist, wie du bist", dass dein Denken zu tief in deiner Persönlichkeit verankert ist, um je daraus aussteigen zu können.

Das erste Ziel, das du dir vornehmen musst, ist dies: Fang diesen einen Gedanken ein – hab den Mut, dich diesem bestimmenden, zerstörerischen Gedanken zu stellen und ihn zu unterbrechen: *Ich habe eine Wahl.*

Vergiss nicht: Bei dieser Reise geht es nicht in erster Linie um Verhaltensänderung – das ist vielleicht ein Nebeneffekt.

Ich kann auch nicht versprechen, dass diese Reise deine Lebensumstände ändern wird. Vielleicht verlierst du trotzdem deinen Job, bekommst eine schlimme Krankheit oder findest nicht den perfekten Ehepartner.

Jeden Gedanken gefangen zu nehmen – dabei geht es nicht darum, was uns widerfährt. Es geht darum, dass wir uns entscheiden zu glauben, dass Gott mit uns ist, dass er für uns ist und uns auch dann liebt, wenn die ganze Hölle gegen uns aufsteht.

Und trotzdem habe ich noch bessere Nachrichten für dich: Wenn wir unsere Gedanken gefangen nehmen und dann die Wahrheit glauben, wird das jeden anderen Bereich unseres Lebens beeinflussen und prägen und uns einen Frieden und eine Freude schenken, die unsere Situation übersteigen. Wie? Weil Jesus Sünde, Tod und Teufel besiegt hat und aus dem Grab auferstanden ist. Und weil dieselbe Auferstehungskraft in den Menschen wirkt, die durch das Evangelium erlöst sind.

Diese Reise in die Freude macht null Sinn, wenn wir von unseren Umständen ausgehen.

Dies ist ein Kampf um ein klares, scharf definiertes Ziel – mitten in einer ungezügelten Konsumkultur.

Dies ist ein von Gott geschenkter Friede, der unser ganzes Denken übersteigt – besonders für die Zeiten, in denen wir Leid erleben.

Dies ist erlöste Zeit – mitten in unvorhergesehenen Störungen und Lärm.

Dies ist die schöne Kunst, andere wertzuschätzen – mitten in einer narzisstischen Kultur.

Dies ist ein Lernweg, in Liebe die Wahrheit zu sagen – in einer Welt, die verlangt, niemandem zu nahe zu treten.

Dies ist ein Weg, tief durchzuatmen und friedlich zu schlafen – in einer angstbesetzten Gesellschaft.

Dies ist der Lebensstil aus einer anderen Welt.

∗

Ja, du bist Christ, ein Bürger einer anderen Realität. Wir sollten lernen, diese Realität in unser Denken zu integrieren.

In diesem Teil des Buches möchte ich eine Reihe von Denkmustern vorstellen, die mir dabei geholfen haben, mein Denken umzuschalten: umzuschalten vom negativen, natürlich-menschlichen, weltlichen Denken auf die übernatürliche, aber einfache Denkweise, von der Paulus spricht – ein Denken, das den Geist Christi widerspiegelt.

Wenn wir von diesem Hauptanliegen abgelenkt werden oder es uns unklar wird, enden wir in Streitereien über Belanglosigkeiten und verschwenden unsere Energie damit, gegen den falschen Feind zu kämpfen, ohne zu merken, dass wir überlistet wurden. Wenn wir nicht aufpassen, werden wir eines Tages feststellen, dass wir die ganze Zeit in der falschen Schlacht gekämpft haben. Dass wir gegen Menschen gekämpft haben, wo es doch im Epheserbrief klar heißt: „… wir kämpfen nicht gegen Menschen, sondern gegen Mächte und Gewalten des Bösen, die über diese gottlose Welt herrschen und im Unsichtbaren ihr unheilvolles Wesen treiben" (Epheser 6,12).

Eine der stärksten Waffen des Feindes ist Verwirrung, und wenn wir verwirrt sind, hat er einen Etappensieg errungen. Deshalb möchte ich glasklar darlegen, worauf wir im nächsten Teil des Buches zugehen: das Problem, dem wir uns stellen müssen, der Einsatz, auf den wir uns einlassen, und den Sieg, der uns am Ende gewiss ist.

DAS PROBLEM

Jeder ungesunde Gedanke, jede emotionale Abwärtsspirale und Falle des Feindes, auf die wir hereinfallen, hat irgendwo zutiefst mit einem falschen Glauben an Gott zu tun.

Ich möchte das Problem nicht komplizierter machen, als es ist. Römer 8 macht es ganz klar: Ein Denken, das von der sündigen Natur bestimmt ist, führt zu Sünde und Tod, ein Denken, das auf den Geist Gottes gerichtet ist, bringt Frieden und Leben (Römer 8,5–6). Das ist ganz einfach die Realität, mit der wir es zu tun haben.

Aber unser Denken von der sündigen Natur auf den Geist Gottes umzuschalten, ist eine bleibende Aufgabe in unserem geistlichen Leben. Es ist keine einmalige Entscheidung, sondern eine, die wir jeden Tag, jeden Augenblick aufs Neue treffen: Es geht in den unterschiedlichsten Bereichen unseres Denkens um das Umschalten von Chaos und Verwirrung auf den Frieden, den Christus schenkt.

Jeder Feind, über den wir hier sprechen werden, verweist zurück auf eine Grundwahrheit: nämlich, dass um unser Leben eine Schlacht tobt. Drei mögliche Hindernisse trennen uns von unserem Sieg:

- der Feind
- unsere Verletzungen
- unsere Sünde

Manchmal führt der Feind selbst den Angriff so aus, dass seine Strategie offensichtlich ist: Er versucht uns zum Bösen und liebt es, uns Leid zuzufügen. Aber gewöhnlich handelt er verschlagener und bringt uns mit Erfolgen in Versuchung und hypnotisiert uns mit Annehmlichkeiten, bis wir gegenüber allem, was wirklich zählt, taub und gleichgültig werden (2. Korinther 11,14).

Was ebenso wahr ist: Da wir in einer gefallenen Welt leben, sind wir (jedenfalls derzeit) in der Unvollkommenheit zu Hause. In kaputten Familien und in Sehnsüchten, die anscheinend nie gestillt werden. In Umständen, die uns zustoßen, die geradezu schreien: „Die Dinge sind nicht so, wie sie sein sollten!" Und doch bemerken wir diese Unvollkommenheit kaum, denn wir kennen kein anderes Zuhause. Meist tragen wir tiefe Verletzungen aus dieser Unvollkommenheit mit uns herum, bemerken sie aber kaum, befassen uns nicht damit und überwinden sie nicht.

So schwierig schon diese ersten beiden Realitäten sind – die häufigsten Probleme, mit denen wir es in diesem Leben zu tun haben, erscheinen in Gestalt von Sünde. Genauer gesagt: *unserer* Sünde – die Sachen, die wir, du und ich, tun. Oder *nicht* tun – je nach Sachlage.

Die meiste Zeit werden wir nicht von einem massiven dämonischen Angriff besiegt. Unsere eigenen kleinen Entscheidungen bewerkstelligen alles, was der Feind im Sinn hat – unsere Passivität und Vernichtung –, ohne dass er dafür einen Finger krumm machen muss. Er ist darauf aus, „zu stehlen, zu schlachten und zu vernichten" (Jakobus 1,14; Johannes 10,10).

Ehrlich gesagt, ist es oft schwierig, genau zu sagen, welcher der drei Faktoren hinter einem Angriff steckt. Aber die Grundwahrheit lautet: Wir sind im Krieg!

Daher brauchen wir eine gezielte Strategie.

DER EINSATZ

Um uns in der Hitze des Gefechts zu verteidigen, werden wir lernen, die konkreten Feinde, mit denen wir es jeweils zu tun haben, zu benennen. Ich habe sieben Feinde entdeckt, die sich unter uns Menschen in wildem Kampfeinsatz befinden. Wir werden lernen, die richtigen Waffen im richtigen Moment einzusetzen, um diese Feinde zu besiegen, eine neue Nähe zu Jesus zu erleben und unseren Weg befreiter fortzusetzen.

Puh. Große Aufgabe.

Zum Glück für uns: Wir haben einen großen Gott.

Wir werden die Lügen benennen, die uns bedrohen. Wir werden lernen, woran wir erkennen können, dass wir dem Feind in die Falle gegangen sind. Wir werden lernen, den Krieg gegen unsere Gedanken zu führen. Wir werden lernen, was passiert, wenn wir uns dazu entscheiden, unser Denken umzuschalten und auf Gott zu richten, auf die Wahrheit darüber, wer er ist, und auf die Wahrheit darüber, wer wir durch ihn sind. Wir werden lernen, uns Dinge wie Gemeinschaft, Engagement und Dankbarkeit zu eigen zu machen, indem wir dieser Wahrheit gemäß leben. Und wir werden am Ende siegreich dastehen.

Und das bringt mich zu der Geheimwaffe, die den Erfolg unseres Einsatzes garantiert.

DER SIEG, DER UNS GEHÖRT

In 5. Mose 20 erinnert Gott die Israeliten daran, dass er in den Kämpfen, die sie kämpfen, bei ihnen ist. Und dass er bei uns ist:

Hört, ihr Israeliten! Ihr werdet heute gegen eure Feinde kämpfen. Habt keine Angst! Fürchtet euch nicht! Weicht nicht vor ihnen zurück und lasst euch nicht einschüchtern! Der Herr, euer Gott, zieht mit euch in die Schlacht! Er kämpft auf eurer Seite und gibt euch den Sieg über eure Feinde! (5. Mose 20,3–4)

Bereit für die gute Nachricht? Durch den Tod von Jesus am Kreuz hat Gott die Kämpfe, die wir kämpfen, zu seinen eigenen gemacht. Durch Jesus ist jeder Kampf letztlich bereits gewonnen. Der Sieg? Er gehört dir schon.

Gehört mir schon.

Uns bleibt nur noch, den Sieg in Anspruch zu nehmen. Wir werden also beides in den Blick nehmen: die Feinde unseres Geistes und die Wahrheit, die uns frei macht. Wenn Gott in uns ist, wenn Gott für uns ist, dann können wir uns dafür entscheiden, aus der Siegerposition heraus zu kämpfen. Wir können standhalten im Vertrauen, dass Gott sich durchsetzt.

✳

Wir haben darüber gesprochen, was es bedeutet, unsere Gedanken gefangen zu nehmen. Und wir haben über den einen Gedanken gesprochen, der unsere negativen Gedankenkarussells anhält: *Ich habe eine Wahl.* Jetzt werden wir gegen die entfesselten Gedanken, die unser Leben bestimmen, in den Kampf ziehen. Sind diese Gedanken erst einmal gestoppt, betreten wir neutrales Terrain.

Sobald das passiert ist, müssen wir entscheiden, ob wir Leben und Frieden wählen, den Geist Christi, die Frucht des Geistes – oder Sünde und Tod und die Geisteshaltung der sündigen Natur.

In den nächsten sieben Kapiteln werden wir unseren Geist darin trainieren, über Wahrheit nachzudenken. Wir werden gegen jeden giftigen, verdrehten Gedanken zu Felde ziehen, und wir werden die Früchte sehen und die Freiheit erfahren, die es bringt, der Wahrheit zu glauben, indem wir von Augenblick zu Augenblick in unserer Identität als Kinder Gottes leben. Die kreisenden, chaotischen Gedanken, die uns so lange gefangen hielten, werden dem Frieden und der Schönheit und dem Leben in Fülle, das Jesus uns durch seinen Tod erworben hat, weichen.

OKAY. STILLE ZEIT MIT GOTT.
KENNST DU MEINEN KALENDER?

ICH BIN NICHT SO DER
EINSAMKEITS- UND STILLETYP.

WENN ES ZU STILL IST,
DREHE ICH DURCH.

ICH BIN SICHER, GOTT HAT BESSERES
ZU TUN, ALS MIR MIT MEINEN KLEINEN
ALLTAGSPROBLEMCHEN ZU HELFEN.

ICH HABE KEINE ZEIT, ES
RUHIGER ANGEHEN ZU LASSEN.

ES GEHT MIR BESSER,
WENN ICH MEINE TO-DO-LISTE
ERLEDIGT HABE.

RAUM FÜR STILLE SCHAFFEN

Ich entscheide mich für die Stille vor Gott

Neulich hat eine Freundin sich mir anvertraut. Sie war emotional so sehr auf Hochtouren, dass man direkt sehen konnte, wie es sie körperlich mitnahm. Ich legte meine Hände beruhigend auf ihre Arme, während sie erzählte. Ihre Ehe war dabei zu scheitern. Eins ihrer Kinder war verhaltensauffällig. Ihr Lebenstempo machte sie wahnsinnig. Und ein Missverständnis hatte zu einem Zerwürfnis mit einer Freundin geführt.

Ich hörte zu, während sie mir von ihren Kämpfen erzählte, und wusste: Ich war in diesem Moment nicht in der Lage, sie emotional abzubremsen. Ja, es gab etliche praktische Probleme zu lösen. Aber zuallererst brauchte sie das Einzige, was ihr Frieden schenken konnte.

„Du weißt, ich liebe dich", sagte ich und sah ihr in die Augen, „aber was du jetzt brauchst, ist Jesus."

Ja, wir würden im Kontakt bleiben.

Ja, ich würde ihr helfen, so gut ich konnte.

Ja, sie würde auf ihrem weiteren Weg auch die Unterstützung ihrer Familie brauchen.

Aber jetzt, zuerst, wo sie innerlich noch in einem extrem hohen Tempo rotierte, brauchte sie Zeit allein mit Gott. Sie brauchte das, was nur Jesus geben kann.

„Ich lasse dich jetzt erst mal allein", sagte ich, „und du verbringst erst einmal eine halbe Stunde allein mit Gott."

Und sie sagte, das würde sie tun.

Nicht nur dass wir in der Stille und im Schweigen die Verbindung mit Gott finden. Wir sind auch eher fähig, deutlich zu sehen, was falsch läuft. Unsere Abwärtsspirale zu erkennen und zu benennen ist der erste Schritt, sie zu unterbrechen.

Meine Freundin rotierte innerlich, war absolut verzweifelt und brauchte unbedingt Antworten. Aber als ich sie am nächsten Tag anrief, um mich nach ihr zu erkundigen, hatte sie nichts weiter zu berichten als 20 Gründe, warum diese Zeit mit Gott nicht stattgefunden hatte. Oh, und ich verstehe das. Ich bin genauso!

Warum ist das Einfachste und Beste, das wir für die dauerhafte Gesundheit unserer Seele tun können, so wahnsinnig schwer hinzukriegen?

Um es ganz deutlich zu sagen: Die ganze Hölle steht dagegen auf, dass wir Jesus begegnen.

Denn echte Zeit in vertrauter Verbindung mit Jesus ist genau das, was unseren Glauben vertieft, unser Denken umorientiert, unsere Seele neu belebt und uns dazu drängt, anderen von Jesus zu erzählen. Es ist der Punkt, an dem die Abwärtsspirale unterbrochen wird.

FLUCHT IN GESCHÄFTIGKEIT

Während meiner 18 Monate voller Zweifel und Seelenschwere entschied ich mich selten für Zeit allein mit Gott, außer wenn ich eine Bibelarbeit vorbereiten musste. Tendenziell versuchte ich, die Nacht zu überleben und die anschließende Erschöpfung mit Kaffee und noch mehr Kaffee zu bekämpfen, während ich durch meinen Tag stolperte. Ich nahm an, dass der Zweifel, wenn ich nur genügend beschäftigt war, mich nicht einholen würde. Wenn ich mich ablenkte, würde ich meinen Schmerz nicht spüren.

Denn wenn ich so weit abbremste, dass ich einen Blick in die Tiefen meiner Seele tun konnte, konnte die Menge an Dingen, die in Ordnung gebracht werden mussten, mich vielleicht überfordern. Ich wollte nicht hören, was Gott mir vielleicht sagen wollte – oder das Risiko eingehen, dass er vielleicht verborgen blieb und schwieg, und so meine Zweifel an seiner Existenz, an seiner Liebe noch vertiefen.

Es gibt so viele Wege, wie wir die Stille vermeiden, so viele Arten von Lärm, mit denen wir die klaffende Leere in unserer Seele füllen. Die sozialen Medien sind nur die offensichtlichsten. Wir packen uns den Terminkalender voller guter Dinge, von denen wir glauben, wir sollten sie tun. Wir versuchen, fordernde Berufe und Ausschusssitzungen unter einen Hut zu bringen und nebenbei noch eine unrealistische Anzahl von Freundschaften zu pflegen – und fühlen uns trotzdem einsam. Wir tun oft so viel für Gott, dass wir ihm kaum noch begegnen. Und wo wir auch hinsehen, haben wir das Gefühl, es nicht zu schaffen.

Mitten in all dieser Geschäftigkeit haben wir es uns selbst unmöglich gemacht, seine Stimme zu hören: „Seid stille und erkennt, dass ich Gott bin" (Psalm 46,10 LUT).

Wovor laufen wir da eigentlich weg? Was hält uns davon ab, Zeit und Raum für die Stille auszusparen, die wir so dringend nötig haben?

Wollt ihr's hören?

Ja, wir sind beschäftigt und abgelenkt, und es ist verdammt schwer, still zu sitzen. Aber wir scheuen uns auch, uns selbst zu begegnen – und dann auch Gott zu begegnen. Wir fürchten, durchschaut zu werden. Wir vergessen, dass er uns nicht nur liebt, sondern dass er uns auch wirklich mag.

Mmhmmh, er sieht alles; er kennt sogar jeden unserer Gedanken, bevor wir ihn denken, heißt es im Psalm (Psalm 139,2). Aber irgendwie hat er – anders als wir Menschen – Gnade für uns alle bereit.

Und doch entdecken wir wie Adam und Eva im Garten Eden, dass wir nackt und voller Angst im Leben stehen, und wir beschließen, uns zu verstecken.

Was fürchten wir denn, das herauskommen könnte? Hier sind ein paar Dinge, die ich entdeckt habe – in meinem eigenen Leben und im Leben von Menschen, die ich kenne und liebe:

1. *Die Angst, etwas tun zu müssen.* Zeit allein mit Gott hat es so an sich, dass sie uns zu Bewusstsein bringt, was wir tun sollten, aber mit aller Macht vermeiden. Muss ich jemandem vergeben, der mich verletzt hat? Oder selbst um Verzeihung bitten? Eine Verpflichtung wahrnehmen, die ich vernachlässigt habe? Stille vor Gott wird uns an diese Dinge erinnern – und an tausend andere außerdem.

2. *Die Angst vor der Aufforderung, uns zu ändern.* Schlimmer noch: Was ist, wenn in der Stille deutlich wird, dass wir nicht nur konkrete Dinge erledigen müssen, sondern sich ein grundsätzlicheres Problem zeigt, das uns zur Umkehr zwingt? Diese Gewohnheit, sich abends zu betäuben. Dass ich die Kinder immer öfter anschreie. Die Verlockung von Facebook während der Arbeitszeit, für die du bezahlt wirst. Wenn wir uns keine Zeit freischaufeln, in der der Heilige Geist uns helfen kann zu beurteilen, wie gut oder schlecht unser Leben ist, werden wir uns bald selbst einreden, wir müssten unser Leben nicht wirklich ändern. Ganz einfach, oder? Mmmhmmm. Aber nicht der beste Ansatz (Galater 6,7–9).

3. *Die Angst, ganz allein in dieser Welt zu sein.* Das trifft bei mir ins Schwarze. Warum habe ich 18 Monate lang Stille und Alleinsein verweigert? Weil ich Angst hatte, wenn ich mich an Gott wende, würde er nicht antworten. Heute bereue ich zutiefst, dass ich diese Entfremdung von Gott nicht eher überwunden habe.

Stille Zeit ist gar nicht so still, stimmt's? Wenn der Lärm um uns zurücktritt, wird der Lärm in uns umso lauter.

Hinter jeder dieser Ängste steht diese Lüge: So, wie ich bin, kann ich Gott nicht begegnen. Wir sehen erst einmal nur unser Chaos. Und die Wahrheit ist: Wir sind verkorkst, wir alle. Und genau deshalb brauchen wir Zeit allein mit Gott in der Stille, wo wir seine Stimme hören können, die uns heilt. Wir haben die Wahl zwischen Chaos und Stille, zwischen Lärm und Alleinsein mit Gott, zwischen Verdrängung und Heilung.

Also, warum ist es gefährlich, diese Lüge zu glauben? Weil Menschen nie lange auf neutralem Boden bleiben. Wir bewegen uns entweder auf etwas zu oder von etwas fort.

Das Gegenmittel gegen die Flucht vor uns selbst ist die Flucht zu dem Einzigen, der uns hilft, mit uns selbst zurechtzukommen. Die Lüge sagt, wir werden beschämt werden. Die Wahrheit ist: Der Gott, der der Schöpfer und Herrscher des Universums ist, und der Gott, der Sünde und Tod überwunden hat, ist derselbe Gott, der in deinem Schmerz, deinem Zweifel, deiner Scham und allen anderen Umständen bei dir sein will. Gerade diese Güte [will] euch zur Umkehr bewegen (Römer 2,4).

LÜGE: Wenn ich mich weiter ablenke, geht es mir besser.

WAHRHEIT: Nur das Bei-Gott-Sein wird meine Sehnsucht stillen.

Herr, ein Tag in den Vorhöfen deines Tempels ist mehr wert als tausend andere! (Psalm 84,11)

Ich entscheide mich, in der Stille vor Gott zu sein.

Eine Sache wurde mir überdeutlich, als ich den Kontakt mit Gott wieder aufgenommen hatte: Meine Ängste, die ich im Blick auf eine engere Verbindung zu ihm hatte, waren vollkommen unbegründet. Das hätte mich nicht überraschen sollen. Wenn ich dich bitten würde, den folgenden Satz zu vervollständigen: „Wenn wir Gottes Nähe suchen…" – was folgt dann? Ich sage: „Dann wird er uns nahe sein."

Dieser Vers stammt aus einem Abschnitt in Jakobus 4, der davor warnt, uns durch die Freundschaft mit der Welt einlullen zu lassen. Der Apostel schreibt:

Ist euch denn nicht klar, dass Freundschaft mit der Welt zugleich Feindschaft gegen Gott bedeutet? Wer also ein Freund dieser Welt sein will, der wird zum Feind Gottes. Oder meint ihr, die Heilige Schrift sagt ohne jeden Grund: „Leidenschaftlich wünscht sich Gott, dass der Lebensgeist, den er in uns wohnen lässt, ganz ihm gehört"? Aber was Gott uns schenken will, ist noch viel mehr. Darum heißt es auch: „Die Hochmütigen weist Gott von sich; aber er wendet denen seine Liebe zu, die wissen, dass sie ihn brauchen." Unterstellt euch Gott und widersetzt euch dem Teufel. Dann muss er von euch fliehen. (Jacobus 4,4–7)

Und dann schreibt er gleichsam als Zusammenfassung: „Sucht die Nähe Gottes, dann wird er euch nahe sein" (Jacobus 4,8).

Wenn wir Gott sagen, wie sehr wir ihn brauchen, wenn wir uns ihm ganz unterstellen, egal, was uns ferngehalten hat – und egal, was wir getan haben, als wir ihm fern waren, und egal, wie lange wir zugelassen haben, dass die Kluft zwischen uns immer größer wurde –, dann werden wir feststellen, dass er die ganze Zeit da war und gewartet hat, dass wir zurückkommen.

DIE MACHT GEZIELTER WAHRNEHMUNG

Liebe Freundin, unser Körper wurde für das Schweigen gemacht. Gott hat uns so konstruiert und die Wissenschaft bestätigt das. Es ist nicht nur so, dass Zeit allein mit Gott sich geistlich auswirkt. Die Neurotheologie hat außerdem gezeigt, dass Stille und Meditation ganz konkret unsere Gehirnstrukturen verändern.

Wenn wir unsere ständigen Ablenkungsquellen ausschalten und in der Stille bei Gott sind, uns ganz auf sein Wort konzentrieren und es meditieren, dann geschieht etwas:

- Unser Gehirn verändert sich physiologisch. „Die Forschung hat festgestellt, dass das Gehirn von Menschen, die sehr viel Zeit mit Gebet und Meditation verbringen, anders ist."[10]
- Die Vorstellungskraft ordnet sich neu. Sam Black von *Covenant Eyes* schrieb: „Unangemessenen Gedanken kann man mit positiven Gedanken begegnen. Du denkst zum Beispiel an ein neues Hobby, an Musik, wiederholst ein Zitat, das dich inspiriert, oder an sonst etwas Positives."[11]
- Die Hirnströme, die in Phasen der Entspannung auf-

GEFÜHL
Unzufriedenheit

FOLGE
Sicherheit

GEDANKE
Wenn ich mich
weiter ablenke,
geht es mir besser

BEZIEHUNGEN
Beruhigend und
Halt gebend

VERHALTEN
Ständige Inputs

VERHALTEN
Gebet und Meditation

BEZIEHUNGEN
Bedürftig und
unersättlich

GEDANKEN
Nur das Bei-Gott-Sein
wird meine Sehnsucht
stillen

ICH ENTSCHEIDE MICH
FÜR DIE STILLE

FOLGEN
Unsicherheit

GEFÜHL
Unzufriedenheit

treten, nehmen zu, Angst und Depression gehen zurück. „Etliche Studien haben gezeigt, dass bei Probanden, die kurze Zeit meditierten, verstärkt Alphawellen auftraten (die entspannten Hirnströme) und Angst und Depression abnahmen."[12]

- Das Gehirn bleibt länger jung. „Eine Studie der *University of California* in *Los Angeles* hat festgestellt, dass das Gehirn von Menschen, die lange meditiert haben, mit fortschreitendem Alter besser erhalten ist als das von nicht Meditierenden."[13]

- Die Gedanken wandern nicht mehr so leicht ab. „Eine der interessantesten Studien der letzten Jahre an der *Yale University* hat erwiesen, dass Achtsamkeitsmeditation die Aktivität im Ruhezustandsnetzwerk vermindert, die Hirnregion, die verantwortlich ist für Zerstreuung und selbstreferenzielle Gedanken – das sogenannte *Gedankenkarussel*."[14]

- Die Perspektive verändert sich allmählich. „Wenn wir uns Zeit nehmen, um auf das zu hören, was Gott uns zu sagen hat", schrieb der Bibellehrer Charles Stanley, „werden wir sehen, wie sehr er uns liebt und uns in jeder denkbaren Lebenssituation helfen will. Er gibt uns die Zuversicht, in der Kraft seines Geistes und seiner Gnade ein außergewöhnliches Leben zu leben."[15]

Sehen wir uns noch einmal die Geschichte von Saulus an, dem auf dem Weg nach Damaskus Jesus begegnete. Dann erkennen wir, dass er, als ihm alle anderen Ablenkungen – nicht nur Essen und Wasser, sondern auch Sehvermögen – genommen wurden, zum ersten Mal in seinem Leben klarsehen konnte. Wie Saulus erwerben wir Weisheit, die wir sonst nicht erleben würden, wenn wir unsere Gedanken nicht auf unsere Probleme konzentrieren, sondern auf den

Einzigen, der eine Lösung dafür bereithält. Wir finden einen Gott, der uns helfen will und der uns helfen kann und so in einer einzigartigen Position ist, einzugreifen.

Wir sehen die Dinge dann nicht mehr so, wie sie uns erscheinen, sondern so, wie sie wirklich sind.

Wie oft haben wir uns schon ganze Lebensgeschichten ausgedacht, die nur auf Worst-Case-Szenarien aufbauten? Wie oft haben wir geglaubt, jemand sei zornig auf uns, nur weil er uns einen Seitenblick zugeworfen hat, der gar nichts mit uns zu tun hatte?

Wir konstruieren ganze Geschichten auf der Basis von Annahmen und zu lebhafter Fantasie, die dann ein Eigenleben entwickeln – alles nur, weil wir Schreckensszenarien Raum geben.

Jemand hat einmal gesagt – und ich halte das für zutreffend –, das Wertvollste, das wir besitzen, sei unsere Aufmerksamkeit. Und daraus folgt die Frage: Worauf richten wir sie?

- Konzentrieren wir uns auf unsere Angst? Oder auf den Gott, der verspricht, mit uns zu sein?
- Konzentrieren wir uns auf unseren Zweifel? Oder auf die Wahrheit, die unveränderlich ist?
- Konzentrieren wir uns auf unser Bedürfnis, die Dinge im Griff zu haben? Oder auf Gottes Absichten mit uns, selbst wenn die momentane Wirklichkeit sich in Chaos auflöst?
- Konzentrieren wir uns darauf, ob wir mit anderen mithalten können? Oder auf die Dankbarkeit für alles, was Gott für uns getan hat?
- Konzentrieren wir uns auf die Sorgen um unsere Gesundheit, unser Bankkonto, unsere Karriere, unsere Ehepartner, unsere Kinder, unsere Vergangenheit und das, was wir bedauern? Oder konzentrieren wir uns auf den lebendigen Gott?

ICH ENTSCHEIDE MICH
FÜR DIE STILLE.

Meiner Erfahrung nach können wir das eine tun oder das andere, aber nicht beides zugleich. Wir werden uns auf das konzentrieren, was uns zermürbt, oder wir werden das leichte Joch tragen, das Christus uns gibt. „Kommt alle her zu mir, die ihr euch abmüht und unter eurer Last leidet! Ich werde euch Ruhe geben. Vertraut euch meiner Leitung an und lernt von mir, denn ich gehe behutsam mit euch um und sehe auf niemanden herab. Wenn ihr das tut, dann findet ihr Ruhe für euer Leben. Das Joch, das ich euch auflege, ist leicht, und was ich von euch verlange, ist nicht schwer zu erfüllen" (Matthäus 11,28–30).

Kommt zu mir, sagt er. Seid still und wisst, dass ich Gott bin.

ERST MAL KURZ AUF INSTAGRAM

Es ist ein typischer Montagmorgen. Ich habe die Kinder zur Schule gebracht und sehne mich nach einer Zeit mit Gott, nach seiner Weisheit und seiner Kraft und seiner Sicht auf mein Leben. Wenn ich nicht die wäre, die ich bin, würde ich von der Schule direkt zurück nach Hause fahren, mir einen heißen Kaffee einschenken, mich in den Ohrensessel im Wohnzimmer kuscheln, die Stille um mich genießen und mit Gott reden … Aber ich bin eben ich.

Ich lenke das Auto in Richtung unserer Kirche und fahre so schnell dorthin, wie ich (ohne Geschwindigkeitsüberschreitung) kann.

Unsere Kirche ist ein beeindruckendes Gebäude. Der Parkplatz ist riesig. Das Auditorium ist riesig. Der Gottesdienstraum ist riesig. Die Cafeteria? Ebenfalls riesig, sodass jederzeit Massen von Menschen dort Platz finden. Ich liebe Menschenmengen, selbst an einem Vormittag, an dem ich eigentlich allein sein will. Ich parke den Wagen, wähle einen Tisch im überdachten Innenhof, bestelle eine Tasse Kaffee und lasse mich auf dem geschwungenen Stuhl nieder.

Noch bevor ich richtig sitze, höre ich meinen Namen „Jennie!"
und eine Freundin kommt auf mich zu. Ah, sie gehört zu meinen
Leuten!

„Hallo, hallo!"

Ich plaudere mit meiner Freundin, eine andere Freundin taucht
auf und gesellt sich zu uns. Als die erste Freundin sich entschuldigt,
um zu telefonieren, kommt eine Bekannte der zweiten an unseren
Tisch. Und so geht es weiter, ein endloser Strom von Begegnungen
und Unterhaltungen, immer wieder kommt eine Freundin, dann
noch eine vorbei und wir wechseln ein paar Worte, und ehe ich
mich's versehe, ist eine halbe Stunde vorbei. Das ist okay. So ist es
immer. Aber da ich nun einmal unheilbar extrovertiert bin, brauche ich das auch.

Die Bekannten und Freundinnen gehen schließlich ihren Plänen für diesen Morgen nach und ich sinke tiefer in meinen Stuhl.
Ich nehme meine Kopfhörer aus dem Rucksack, sie sind groß und
dick gepolstert und lassen Vorübergehende nicht im Zweifel darüber, dass ich „anderweitig beschäftigt" bin. Ich setze sie mir auf
die Ohren, hole Bibel, Tagebuch und Stift heraus und für die nächsten 30 Minuten bin ich in der Gegenwart des lebendigen Gottes.
Jedenfalls, nachdem ich meine Nachrichten und Podcasts durchge-
sehen habe: Instagram, E-Mail, Facebook und noch mal Instagram.

Seufz. Ganz ehrlich. Von allem, was ich im letzten Jahr unter-
nommen habe, um meine Gedanken gefangen zu nehmen, war dies
das Schwerste – ganz allein in der Stille zu sitzen. Und gleichzeitig
ist es diese eine Angewohnheit, die mir seit meiner Rückkehr aus
Uganda am meisten geholfen hat: Zeit allein mit Gott zu verbringen. Und deshalb möchte ich dieses Thema gleich hier zu Anfang
unseres Kampfes gegen die Denkmuster der Welt aufgreifen.

Denn hier ist der Ort, an dem sich unsere Gedankenwelt ändert.
Die Verbindung zu Gott ist Grundlage für alle anderen Waffen, die
Gott für unseren Kampf gibt. Wir beginnen hier, denn wenn wir auf

eine übernatürliche Veränderung aus sind, müssen wir zu unserem übernatürlichen Gott gehen, um sie finden zu können.

✳

Ich möchte einen genaueren Blick auf Galater 5 werfen. Paulus beschreibt dort, welche Auswirkungen es hat, wenn wir die Gegenwart Gottes meiden oder wenn wir sie suchen. „Darum sage ich euch: Lasst euer Leben von Gottes Geist bestimmen. Wenn er euch führt, werdet ihr allen selbstsüchtigen Wünschen widerstehen können", schreibt er.

Denn eigensüchtig, wie unsere menschliche Natur ist, will sie immer das Gegenteil von dem, was Gottes Geist will. Doch der Geist Gottes duldet unsere Selbstsucht nicht. Beide kämpfen gegeneinander, sodass ihr das Gute, das ihr doch eigentlich wollt, nicht ungehindert tun könnt. Wenn ihr euch aber von Gottes Geist regieren lasst, seid ihr den Forderungen des Gesetzes nicht länger unterworfen. Gebt ihr dagegen eurer alten menschlichen Natur nach, ist offensichtlich, wohin das führt: zu sexueller Unmoral, einem sittenlosen und ausschweifenden Leben, zur Götzenanbetung und zu abergläubischem Vertrauen auf übersinnliche Kräfte. Feindseligkeit, Streit, Eifersucht, Wutausbrüche, hässliche Auseinandersetzungen, Uneinigkeit und Spaltungen bestimmen dann das Leben ebenso wie Neid, Trunksucht, Fressgelage und ähnliche Dinge. Ich habe es schon oft gesagt und warne euch hier noch einmal: Wer so lebt, wird niemals in Gottes Reich kommen. Dagegen bringt der Geist Gottes in unserem Leben nur Gutes hervor: Liebe, Freude und Frieden; Geduld, Freundlichkeit und Güte; Treue, Nachsicht und Selbstbeherrschung. Ist das bei euch so? Dann kann kein Gesetz mehr etwas von euch fordern! Es ist wahr: Wer zu Jesus Christus gehört, der

*hat sein selbstsüchtiges Wesen mit allen Leidenschaften und Be-
gierden ans Kreuz geschlagen. Durch Gottes Geist haben wir
neues Leben, darum wollen wir uns jetzt ganz von ihm bestimmen lassen! Prahlen wir also nicht mit unseren vermeintlichen
Vorzügen, denn dadurch rufen wir nur Kränkungen und Neid
hervor.* (Galater 5,16–26)

Nun, es ist leicht, sich die Litanei des Lebens nach der alten Natur
anzusehen und uns bekräftigend auf die Schulter zu klopfen. Götzenanbetung und abergläubisches Vertrauen auf übersinnliche
Kräfte sind nicht gerade meine typischen Versuchungen, auch
Trinkgelage nicht. Und weil das so ist, erlasse ich mir sehr leicht
meine eigenen *Werke der alten Natur*: Netflix-Sucht, meine Zorn-
ausbrüche, wenn meine Kinder mich provozieren, und auch die
Entfremdung von Gott, die ich 18 Monate lang zugelassen habe.

Wie sehr ich seine Gegenwart brauchte.

Ich brauche sie noch immer.

Warum? Weil selbst der beste Tag im Vergleich mit der Wirklichkeit, in der ich, wie er sagt, leben kann, verblasst. Und dasselbe
gilt für dich.

Weil die Frucht des Geistes unsere neue Lebensweise ist, sagt
Paulus, können wir Menschen sein, die lieben – nicht nur ab und
zu einmal, sondern bewusst.

Er sagt, wir können Menschen voller Freude sein. Wir können
Menschen sein, die sich durch Freundlichkeit, Geduld und Frieden
auszeichnen.

Er sagt, wir können gut sein. Nicht um irgendeine kosmische
Bestnote zu bekommen, sondern weil unser Vater gut ist.

Er sagt, wir können den Glauben bewahren. Wir müssen in
unserem Glauben nicht schwanken. Oh, wie sehr ich mir wünschte,
ich hätte anderthalb Jahre zuvor diese Wahrheit für mich festhalten
können. Durch Gottes Gnade werde ich das von jetzt an tun.

Er sagt, wir können Selbstbeherrschung und Nachsicht aufbringen.

Aber wenn wir das nicht nur als Möglichkeit betrachten wollen, sondern als Alltagsrealität, die jeden Augenblick gilt, dann müssen wir uns vom Geist leiten lassen und nicht von unseren chaotischen Gedankenkarussells. Mit anderen Worten: Was wir dringend brauchen, ist die Gegenwart Gottes.

„Vater", können wir zu ihm sagen, „hilf mir, die Dinge nicht so zu sehen, wie sie scheinen, sondern so, wie sie wirklich sind."

WAS DENKST DU WIRKLICH?

Als wir in einer Gesprächsgruppe darüber sprachen, wie wir ganz bewusst Zeit mit Gott in unser Leben einbauen und unsere Ablenkungen verringern könnten, sagte meine Freundin Caroline, die am nahe gelegenen College studiert: „Jennie, ich weiß, ich sollte weniger an das ganze Chaos und Getriebe in meinem Leben denken als an Gott. Eine Frage dazu: Was denkst du, wenn du über Gott nachdenkst?"

Ich lehnte mich zurück, erstaunt, dass die Jüngste in der Runde gerade die wesentlichste Frage gestellt hatte. Auf dieses wichtige Anliegen, wie wir über Gott nachdenken, konnte man keine rasche, oberflächliche Antwort geben. Wenn letztlich unser Ruf darin besteht, in Lebensgemeinschaft mit Christus zu leben – wie machen wir das ganz praktisch?

Denk noch einmal an die Karte deiner Gedanken, die du weiter oben aufgezeichnet hast, in der du dein vorherrschendes Gefühl aufgeschrieben hast und was es auslöst. Ich möchte dir zeigen, wie diese Übung der Stille, des Alleinseins in der Gegenwart Gottes, die Basis für unsere Strategie ist, alle unsere anderen problematischen Denkmuster zu unterbrechen. Sieh dir noch einmal deine Denklandschaft an und mach dir klar, wie dein Gedankenkarussell um-geschaltet werden kann, wenn du an Gott denkst.

Sagen wir mal, du ertrinkst in einer Woge von Stress und Angst, weil dein Job dir viel abverlangt. Wahrscheinlich gehen dir Gedan-ken wie die folgenden durch den Kopf:

- Ich bin überfordert, weil ich zu viel zu tun habe.
- Ich bin sauer, weil sie mich schon wieder bei der Be-förderung übergangen haben.
- Ich bin nervös, weil ich im Zeitplan zurückliege. Ich enttäusche andere.
- Ich bin frustriert, weil meine Chefin sich ständig in alles einmischt.
- Ich bin sauer, weil sie echt unverschämt zu mir war.
- Ich bin gestresst, weil ich arbeite und arbeite und es doch nie reicht.

Schauen wir uns jetzt das Grundmuster all dieser Gedanken an:

[Negatives Gefühl] weil [Grund].

- Ich bin gestresst, weil ich zu viel arbeite.
- Ich bin frustriert, weil meine Chefin mir nicht ver-traut.
- Ich bin sauer, weil sie unverschämt zu mir war.

In diesem und in den nächsten Kapiteln möchte ich gerne Folgendes deutlich machen: Mit jeder Waffe, die Gott uns für den Kampf um unseren Geist gegeben hat, können wir dieses Denkmuster umschrei-ben und zugleich die Macht zurückgewinnen, die er uns gegeben hat.

Mit anderen Worten: Wir können unsere Situation umdeuten, und zwar durch ein neues Denkmuster:

[Negatives Gefühl], und [Grund], deshalb werde ich [Wahl].[16]

- Ich bin sauer und ich wurde übergangen, also werde ich mich daran erinnern, dass Gott mich nicht vergisst.
- Ich bin ärgerlich, und sie war unverschämt, also werde ich ganz bewusst über Gottes Freundlichkeit mir gegenüber meditieren.
- Ich bin überfordert, und ich habe zu viel zu tun, also werde ich eine Pause einlegen und Gott dafür danken, dass er nicht an die Grenzen der Zeit gebunden ist, und dass er mir die Kraft gibt, nur das zu tun, was ich wirklich tun muss.
- Ich bin gestresst und sorge mich um meine Finanzen, also werde ich beten, statt mich zu sorgen.

Wenn du in einer Abwärtsspirale von Ablenkungen festhängst, welche Wahrheit hilft dann, dein Denken umzuschalten, um die Lüge zu bekämpfen, irgendetwas anderes außer dem Stillsein vor Gott könnte dir Erfüllung schenken?

Während eines Bibelabends über den Philipperbrief in meiner Gemeinde überraschte meine Freundin Rachel uns alle mit einem Poetry-Slam eines Textes, den sie geschrieben hatte. Es geht darin darum, wie wir unser Herz und unser Denken schützen.

Rachel hatte erst ein paar Sekunden gesprochen, da war mir schon klar, dass ich im Leben vielleicht mit viel weniger Worten auskommen könnte. Denn was sie da poetisch formuliert hatte, fasste zusammen, was ich in meinen Vorträgen in fünf Wochen vermittelt hatte. Jeder im Raum konnte mit ihren Worten etwas anfangen, was zeigt, dass niemand mit seinen Gedankenkarussells alleine ist. Kämpfen wir tatsächlich alle denselben Kampf? Hier ist Rachels Text:

Der Geist ist ein kaputtes Ding.
Er rennt, rast, ist unruhig, führt mich an Orte,
die mich verschlingen, ablenken und mich glauben machen wollen,
ich sei nicht gut genug, nein… und werde es nie sein.
Du musst dich anstrengen, um zu überleben,
Erfolg zu haben, lebendig zu bleiben in dieser Welt
von sich stets wandelnden und fortentwickelnden Idealen,
Bildern, Idolen und Ikonen.

Beweis deinen Wert,
reiß dich zusammen,
mach mehr, mach es besser,
zeig keine Schwäche, sei taff,
versuch zu genügen,
sammle massenweise Schätze, Schmuck und Kram.
Vielleicht… wirst du dann geliebt.

Ja, der Geist ist ein kaputtes Ding.
Unbewacht und entfesselt
kann er dich angreifen, packen und in die Falle locken,
und du sitzt fest: nur mit dir selbst befasst,
schlafend und versklavt.

Aber „wenn jemand in Christus ist, ist er eine neue Schöpfung.
Das Alte ist vergangen, siehe, Neues ist geworden."
Dein Geist muss nicht außer Kontrolle sein.
Diese Gedanken und Kreise und Spiralen können aufhören.

Ja! Du kannst die Lügen unterbrechen und bekämpfen,
die Pfeile des Feindes, die im Dunkel der Nacht fliegen.
Sie zielen auf dich, aber sie wollen nicht erkannt werden.
Du hast das Wort, du hast Licht, du hast Leben.

Wach auf aus deiner verzerrten Sicht,
in der du dich verzweifelt um dich selber drehst.
Mach die Augen auf und sieh und wisse und verstehe,
was wirklich zählt.
Du bist kein Opfer deiner Gedanken.
Weil du in Christus lebst, ist der Sieg schon dein.

Ein Gott, der dich liebt, dich kennt, dich sieht,
hat dir eine so radikale, vertraute, persönliche und unbändige
Liebe bewiesen,
indem er sich entschloss, den Schmerz zu ertragen,
ein Kind zu verlieren, um die Menschheit zu versöhnen.
„Als wir noch Sünder waren, starb Christus für uns."

Es ist schwer, ganz zu begreifen, wie unermesslich seine Treue
ist,
sein Erbarmen und seine Gnade, die jeden Fehler übergehen,
den du und ich machten,
um uns aus der Grube zu ziehen, in der wir einmal festsaßen.
Und wenn du ihn wirklich kennen würdest,
würdest du ihn lieben.
Du würdest ihm glauben.
Und du würdest jeden Gedanken im Keim ersticken,
der dein Denken verdreht und verzerrt und ablenkt von dem,
was wahrhaftig,
vorbildlich,
gerecht,
redlich,
liebenswert ist.

Ja, der Geist ist ein kaputtes Ding.
Aber Gottes Geist ist uns tiefer eingesenkt, sein Wort ist wahrer,
denn in Christus Jesus sind wir frei.[17]

Wir sind frei. Werden wir im Bewusstsein dieser Realität leben, in enger Verbindung zu ihm? Oder wollen wir in unserer Kaputtheit verharren?

Wir haben eine Wahl.

ICH BIN NICHT DER TYP,
DEN ANDERE MÖGEN.

WENN DIE LEUTE WÜSSTEN,
WIE SEHR ICH VERSAGT HABE,
WÜRDEN SIE MICH MEIDEN.

ICH BIN NICHT SO DER KONTAKTTYP.

ICH BIN SCHON IMMER GERN FÜR
MICH GEWESEN, ICH MAG DAS.

WAS ICH GERADE DURCHMACHE,
IST DEN ANDEREN DOCH EGAL.

WIRKLICH VERSTEHEN KANN MICH NIEMAND.

ICH WILL ANDERE NICHT MIT
MEINEN PROBLEMEN BELÄSTIGEN.

LEBENSRETTER

Ich entscheide mich dafür, dass man mich kennt

Bevor mein Mann und ich Cooper adoptierten, unseren Sohn, der die ersten vier Lebensjahre in einem Waisenhaus in den Bergen Ruandas verbracht hat, durchliefen wir ein *Adoptionstraining*. Es hieß anders, aber genau das war es. Wir hatten noch nie ein Kind adoptiert, also sogen wir alles, was es zu lernen gab, begierig auf, denn wir wollten schließlich alles richtig machen.

In all den Jahren seither habe ich das meiste von dem, was ich damals lernte, wieder vergessen. Aber eine Lektion ist mir so tief ins Herz gefallen, dass ich mich vermutlich mein Leben lang daran erinnern werde. Und diese Lektion lautete: „Wenn du willst, dass dein Kind sich gut entwickelt, dann sorge dafür, dass es sich gesehen und geliebt fühlt."

Sich gesehen und geliebt fühlen – das ist das Entscheidende, das Fundament und der Rahmen, in dem wir wachsen und uns entfalten. Wenn das fehlt, scheint alles andere in unserem Umfeld zu Sinnlosigkeit und Verzweiflung zu zerfallen. Der Autor und Seelsorger Larry Crabb schrieb: „Keine Lüge wird häufiger geglaubt als die Lüge, wir könnten Gott erkennen, ohne dass wir selbst erkannt werden."[18]

Wir wurden geschaffen, um wahrgenommen und geliebt zu werden.

Als ich dieses Buch entworfen und davon geträumt habe, welche Auswirkungen es haben würde, habe ich einer Freundin, die sich in neurologischen Dingen wirklich auskennt, davon erzählt: von meiner Vision, dass *ganz Amerika seine Geisteshaltung ändert*, dass Massen von Leuten erkennen, dass es tatsächlich möglich ist, ihre Gedanken gefangen zu nehmen, dass schließlich die ganze Welt beginnen würde, Bollwerke einzureißen und mehr. Ich war von meiner Vision so leidenschaftlich gepackt, dass ich kaum die rechten Worte fand. Meine Freundin hörte mir geduldig zu, und als ich endlich einmal Luft holte, sagte sie: „Weißt du, Jennie, niemand verändert irgendwas, nur weil er ein Buch gelesen hat."

Ah. Volltreffer in die Magengrube. Autsch.

Natürlich hatte meine Freundin recht. Wir können uns nicht auf die Couch legen, die Seiten eines Buches lesen, beten und durch reine Willenskraft bewirken, dass sich unser Denken ändert. Gott geht es nicht nur um unsere Herzenshaltung, sondern auch um die Menschen, die uns zur Seite gestellt sind. Im Blick darauf, unseren Platz in der Welt auszufüllen, können wir allein gar nichts von bleibendem Wert vollbringen.

Gott selbst existiert in Gemeinschaft: die Dreieinigkeit als Beziehung zwischen Vater, Sohn und Heiligem Geist. Vollkommene Gemeinschaft. Da Gott selbst Gemeinschaft ist, hat er uns so geschaffen, dass auch wir Gemeinschaft brauchen. Der Apostel Paulus hat uns viele Hinweise gegeben, wie wir uns gegenüber anderen verhalten sollen: „Seid in herzlicher Liebe miteinander verbunden, gegenseitige Achtung soll euer Zusammenleben bestimmen" (Römer 12,10).

„Seid einmütig untereinander!" (Römer 12,16).

„Haltet fest zusammen und lebt in Frieden miteinander" (2. Korinther 13,11).

„Benutzt [eure] Freiheit nicht als Deckmantel, um eurem alten selbstsüchtigen Wesen nachzugeben. Dient einander in Liebe" (Galater 5,13).

„Seid freundlich und barmherzig und vergebt einander" (Epheser 4,32).

Gemeinschaft ist unverzichtbar. Wir leben in einer Generation, die genau das zum Götzen erhoben hat, wo Gott uns herausruft: Unabhängigkeit. Die ganze Heilige Schrift geht davon aus, dass im Leben eines Menschen, der Gott folgt, Gemeinschaft eine wichtige Rolle spielt. Im Alten Testament entwickelt sich die Gemeinschaft im Rahmen einer Volksgruppe, im Neuen Testament entwickelt sie sich innerhalb der einzelnen Gemeinden.

Wir sind Dorfbewohner, geschaffen, um gekannt und geliebt und gesehen zu werden. Fast alle Menschen aller Generationen haben sich in Gruppen um ein Feuer versammelt und Gemeinschaften gebildet, in denen genau das geschieht, wenn auch unvollkommen.

Selbst heute noch lebt ein Großteil der Weltbevölkerung in Dörfern. Neulich war ich mit meinem Mann in einem kleinen Dorf in Deutschland und wir gingen in den Lebensmittelmarkt. Der Mann an der Theke wollte wissen, wer wir wären und von wo wir kämen, denn er kennt jeden, der in seinen Laden kommt. Wir waren Fremde.

Ich frage mich, ob wir – als Kirche, als Menschen der westlichen Welt, als Frauen – uns selbst noch als Dorfbewohner sehen – als Menschen, die gekannt, beachtet, geliebt und gesehen werden. Ich glaube, ich kenne die Antwort. Ich glaube, die Antwort lautet Nein.

DIE VERSUCHUNG, ALLES IM ALLEINGANG ZU MACHEN

Der erste Feind, die Ablenkung, hält uns davon ab, für das Chaos in unserem Kopf Hilfe bei Gott zu suchen. Dieser zweite Feind, die Scham, hält uns davon ab, andere Menschen um Hilfe zu bitten.

Ich habe nicht vorgehabt, mich 18 Monate lang in meiner Zweifelspirale zu isolieren. Es war nur so, dass ich nie so weit kam auszusprechen – laut auszusprechen –, was ich durchmachte.

Mein Freund Curt Thompson ist Psychiater und ein brillanter Denker im Blick auf alles, was mit dem Gehirn zu tun hat. Er sagt: Jemand mag nach außen noch so stark wirken, aber jeder Mensch, der über diese Erde läuft, wird Tag für Tag von einer tief eingewurzelten Angst verfolgt: Wenn irgendjemand dich wirklich kennen würde, flüstert diese Angst, er würde sich von dir abwenden. Das ist die Lüge der Scham. Das ist die Lüge, die unseren Selbstwert zerschmettert – die Lüge, die dich immer wieder an dein wirkliches Ich erinnert, das du keinem anderen zeigen möchtest.

Ich weiß nicht, mit welchen Worten genau diese Angst dich packt, aber wenn du den zahllosen Frauen, mit denen ich im Laufe der Jahre gesprochen habe, nur irgendwie ähnlich bist, dann klingen deine dich terrorisierenden Gedanken vielleicht so:

- *Wenn die Leute wüssten, was ich getan habe, würden sie nichts mehr mit mir zu tun haben wollen.*
- *Wenn die Leute sehen würden, wer ich wirklich bin, würden sie die Straßenseite wechseln.*
- *Wenn die Leute wüssten, zu welchen Gedanken ich imstande bin, würden sie mich aus ihrem Leben verbannen.*

Vielleicht ist die Stimme dieser Angst auch noch subtiler:

- *Warum sollte ich andere mit meinen Problemen belästigen?*
- *Ich werde allein damit fertig.*
- *Was sollte es nützen, mich anderen anzuvertrauen?*

Wenn wir den Lügen in Bezug auf unseren Wert lauschen, ziehen wir uns automatisch von anderen zurück. In vielen Fällen haben wir mit unserem distanzierten Verhalten Erfolg und stoßen Menschen fort, was unsere Angst, abgelehnt zu werden, nur noch verstärkt. Das ist eine klassische Denkfalle, ein sich selbst erfüllendes Denkmuster, in dem unsere Unsicherheit unsere Isolation verstärkt, die wiederum die Lüge speist, dass wir wertlos sind und uns sowieso niemand versteht oder niemandem etwas an uns liegt. Wir fühlen uns übersehen und ungeliebt, und um uns vor weiteren Erfahrungen des Abgelehntwerdens zu schützen, lassen wir niemanden nahe genug an uns heran, um unsere Perspektive zu verändern.

Mit der Zeit akzeptieren wir die Lüge, dass wir im Leben allein fertigwerden müssen, dass wir uns isolieren müssen, um das Risiko zu vermeiden, bloßgestellt und abgelehnt zu werden.

Aber die Wahrheit ist: Wir sind nach dem Bild eines heiligen Gottes geschaffen, der in sich selbst Gemeinschaft ist und der uns in seine Familie einlädt. Wir sind für Gemeinschaft geschaffen.

LÜGE: Ich kann meine Probleme allein lösen.

WAHRHEIT: Gott hat mich für ein Leben geschaffen, in dem ich gekannt und geliebt werde.

Leben wir aber im Licht, so wie Gott im Licht ist, dann haben wir Gemeinschaft miteinander. Und das Blut, das sein Sohn Jesus Christus für uns vergossen hat, befreit uns von aller Schuld. (1. Johannes 1,7)

Ich entscheide mich dafür, erkannt zu sein.

AUF KONTAKT PROGRAMMIERT

Unser Körper ist programmiert auf Kontakt mit anderen Menschen. Hast du schon mal was von Spiegelneuronen gehört? Wenn du mit einer Freundin bei einer Tasse Kaffee zusammensitzt, ist das neuronale System in euch beiden hochaktiv. Diese Neuronen sind aktiv, wenn deine Freundin lächelt, und lassen dich das Gefühl erleben, das mit dem Lächeln verbunden ist.

Spiegelneuronen lassen dich fühlen, was der andere fühlt. Auf diese Weise ist Empathie kaum jemals eine gekünstelte Reaktion, sie ist vielmehr die automatische Reaktion unseres Körpers auf einen anderen Körper. Ein Wissenschaftler geht so weit zu sagen, dass es so etwas wie Nonkonformität eigentlich nicht gibt, und schreibt, „das Selbst ist eher eine Superschnellstraße für sozialen Einfluss als die uneinnehmbare private Festung, für die wir es halten".[19]

Du und ich mögen durchaus durchschauen, auf welche Weisen die Verbindung zu anderen uns von unserer Kindheit bis zu diesem Moment beeinflusst hat – eine lizensierte Beraterin nennt die Reaktionen unserer frühesten Bezugspersonen *Hirnnahrung* für das sich entwickelnde Gehirn[20] –, was nicht so offensichtlich ist, ist, auf welche Weise Unverbundenheit unser Gehirn verändert.

Die Hirnregion, die aktiviert wird, wenn wir uns von einer Freundin zurückgewiesen oder abgelehnt fühlen, ist dieselbe, die aktiv wird, wenn wir körperlichen Schmerz erleben.[21] Vielleicht ist das der Grund, warum Trennungen oder zerbrochene Freundschaften buchstäblich schmerzen.

Wenn wir uns isolieren, schalten wir um in den Selbsterhaltungsmodus. Wir reagieren schroffer auf eine Freundin, die das falsche Wort zur falschen Zeit sagt, oder werden defensiv, wenn ein Kollege eine Kritik an unserem Projekt äußert. Einsamkeit kann uns dazu verleiten, in allem eine Bedrohung zu sehen, auch wenn keine wirkliche Bedrohung zu erkennen ist.

GEFÜHL

Scham

FOLGE

Erkannt

GEDANKE

Ich kann meine
Probleme alleine
lösen

BEZIEHUNGEN

Im Kontakt

VERHALTEN

Mauern bauen

VERHALTEN

Brücken bauen

BEZIEHUNGEN

Isoliert

GEDANKEN

Gott hat mich für ein
Leben geschaffen, in dem
ich erkannt und geliebt
werde.

ICH ENTSCHEIDE MICH
DAFÜR, ERKANNT ZU SEIN.

FOLGEN

Einsam

GEFÜHL

Scham

Man hat Einsamkeit in Verbindung gebracht mit Herzerkrankungen.

Und Depressionen.

Und chronischem Stress.

Und Schlafstörungen.[22]

✳

Wenn wir unser Leben ganz auf die Weise angehen wollen, die Jesus selbst vorgelebt hat, dann werden wir es in Gemeinschaft gestalten, statt uns für den Alleingang zu entscheiden. Wir sind nicht dazu geschaffen, unsere Siege allein zu feiern. Wir sind nicht dazu geschaffen, die Härten des Lebens allein zu erleiden. Wir sind nicht dazu geschaffen, die Alltäglichkeit des Lebens allein zu durchlaufen. Wir sind nicht geschaffen, um mit unseren Gedanken allein zu bleiben. (Macht dich dieser letzte Gedanke ebenso froh wie mich? Unsere Gedankenwelt kann schon ein sehr erschreckender Ort sein.) Wir sind geschaffen, uns einander anzuvertrauen, im Kontakt zu bleiben, verbunden zu bleiben. Wir wurden geschaffen, um gemeinsam im Licht zu leben.

Der Apostel Paulus beschreibt, wie ein solches Leben aussieht:

Als Menschen, die mit Christus verbunden sind, ermutigt ihr euch gegenseitig und seid zu liebevollem Trost bereit. Man spürt bei euch etwas von der Gemeinschaft, die der Geist Gottes bewirkt, und herzliche, mitfühlende Liebe verbindet euch. Darüber freue ich mich sehr. Vollkommen aber ist meine Freude, wenn ihr euch ganz einig seid, in der einen Liebe miteinander verbunden bleibt und fest zusammenhaltet. (Philipper 2,1–2)

Er gab uns klare Anweisungen, wie das in unseren Begegnungen mit anderen aussieht:

112

Ihr seid von Gott auserwählt und seine geliebten Kinder, die zu ihm gehören. Darum soll jetzt herzliches Mitgefühl euer Leben bestimmen, ebenso wie Güte, Bescheidenheit, Nachsicht und Geduld. Ertragt einander und vergebt euch gegenseitig, wenn jemand euch Unrecht getan hat. Denn auch Christus hat euch vergeben. Wichtiger als alles andere ist die Liebe. Wenn ihr sie habt, wird euch nichts fehlen. Sie ist das Band, das euch verbindet. Und der Friede, den Christus schenkt, soll euer ganzes Leben bestimmen. Gott hat euch dazu berufen, in Frieden miteinander zu leben; ihr gehört ja alle zu dem einen Leib von Christus. Dankt Gott dafür! Lasst die Botschaft von Christus ihren ganzen Reichtum bei euch entfalten. Unterweist und ermahnt euch gegenseitig mit aller Weisheit und dankt Gott von ganzem Herzen mit Psalmen, Lobgesängen und Liedern, die euch Gottes Geist schenkt. Ihr habt doch Gottes Gnade erfahren! (Kolosser 2,12–16)

Das ist schon eine ganze Menge an Zusammengehörigkeit, nicht?

Etliche meiner Freundinnen sind Seelsorgerinnen und Therapeutinnen. Und sie haben mir alle eins bestätigt: Die Gruppentherapie ist deswegen so im Vormarsch, weil sie wirkt, wo sonst kaum etwas wirkt. Es ist nicht nur tröstlich, andere auf seiner Seite zu haben; es ist wissenschaftlich erwiesenermaßen heilsam.[23]

Eine Studie der *University of California* in *Los Angeles* hat die Auswirkungen von Stress auf das weibliche Verhalten untersucht und dabei festgestellt, dass Frauen in Zeiten mit großem Stress mehr soziale Unterstützung suchen, als Männer das tun. Andere Studien haben gezeigt, dass ein gutes soziales Netzwerk Menschen hilft, gesund zu bleiben.[24]

Genau. Eine Sippe, eine Truppe, eine Mannschaft verändern uns sogar körperlich. Wir sind von einem gemeinschaftlichen Gott für Gemeinschaft geschaffen. Wir brauchen das.

Wir brauchen es, meine Freundin.

BESSER GEMEINSAM

Gott hat sich etwas dabei gedacht, uns in eine Gemeinschaft zu stellen, damit unsere Freunde uns in unserem Kampf um unsere Gedankenwelt helfen können. Wenn unser Denken chaotisch ist, unsere Gedanken sich im Kreis drehen, unsere Gefühle mit uns machen, was sie wollen, dann liegt oft genug der Ausweg einfach darin, uns jemandem anzuvertrauen und nur dieses eine kleine Wort herauszubringen: „Hilfe."

Du und ich, wir müssen in der Lage sein, Weisheit und Einsicht zu finden, wenn unser eigenes Hirn keine Antworten mehr hat, keine Willenskraft aufbringen kann, keine Kraft mehr hat und nicht mehr weiß, wie man betet. Es kostet Zeit, Mühe und Kraft, Beziehungen zu pflegen, die uns das schenken, aber sie verändern alles.

Wenn ich auf mein Leben zurückschaue, kann ich erkennen, wie mich in jedem Alter und in jeder Phase meines Lebens meine engsten Freundinnen davor bewahrt haben, meinen zu kleinen Träumen zu folgen. Meine geliebten Schwestern, die Pausenfreundinnen in der Grundschule, meine Freundinnen auf der Highschool, die Mädels bei den Cheerleadern in *Arkansas* und die Frauen, die zu meinen ersten Bibelarbeiten kamen, meine Leute in *Austin*, meine Kleingruppe in *Dallas* – all diese Gemeinschaften haben mich geprägt, mir das Gefühl geschenkt, dass ich gekannt bin und dass ich weiter und schneller laufen kann, als ich mir selbst zugetraut hätte. Und hoffentlich habe ich für sie dasselbe getan. Ja, wir haben gestritten. Ja, wir haben uns auseinandergelebt. Ja, wir haben uns manchmal verletzt. Das gehört dazu. Aber die stärksten Bindungen werden in schwierigen Zeiten geschmiedet.

Es stimmt: Sich für Gemeinschaft zu entscheiden anstelle von Isolation kann regelrecht beängstigend sein. Es verlangt von uns, ein Risiko einzugehen.

Die Autorin und Wissenschaftlerin Brené Brown hat gesagt: „Verletzlichkeit ist der Kern, das Herz, das Zentrum sinnvoller menschlicher Erfahrungen."[25] Mit anderen Worten: Wir müssen erkannt sein, um gesund zu sein (Epheser 5,13–14).

Ist das nicht eine tiefgründige Perspektive? Sag mir, wer dich kennt und wie weit diese Kenntnis reicht, und ich sage dir, wie gesund du bist (Psalm 32,3; Sprüche 28,13).

Schluck.

Manche Menschen würden sich jetzt meine diesbezügliche Bilanz im Lauf der Jahre ansehen und sagen: „Also Jennie, du musst dir keine Sorgen machen. Du hast doch immer Menschen an dich herangelassen." Vielleicht. Aber ich muss sagen, als wir letztens nach zehn Jahren in Austin nach Dallas umgezogen sind, war es nicht so einfach, einen neuen vertrauten Freundeskreis aufzubauen. Wie konnte ich möglichst schnell *alte Freunde* finden?

Wenn man plötzlich aus einem lange bestehenden Netzwerk von unterstützenden Beziehungen herausgerissen wird, ist das eine Herausforderung für ein Leben in bedeutsamer Gemeinschaft, aber es ist nicht die einzige. Je mehr Menschen ich begegne, umso mehr nachvollziehbare Gründe höre ich, warum Gemeinschaft *nichts für mich* ist.

Ich denke da an eine junge Frau, die in einem Ort wohnt, der so klein ist, dass es ein regelrechtes Straßenfest gab, als dort im letzten Jahr die erste Ampel installiert wurde. „Jennie, hier gibt es niemanden, mit dem ich mich zusammentun kann", sagte sie mir. „Ich bin nicht mal sicher, ob es hier außer mir noch irgendeine andere Frau in den Zwanzigern gibt."

Oder was ist mit den Frauen, die ausgesprochen introvertiert sind? Für sie klingt dieses ganze Gemeinschaftsding wie ein höchst anstrengendes und kraftraubendes Vorhaben.

Ich verstehe, du hast vielleicht schmerzhaft erlebt, wie jemand eine Beziehung verraten hat – vielleicht auch mehr als einmal – und

ICH ENTSCHEIDE MICH
FÜR GEMEINSCHAFT.

nun hält dich diese Erfahrung davon ab, dich wieder auf jemanden einzulassen. Du hast es riskiert, einem anderen Menschen anzuvertrauen, welche Kämpfe du ausfichtst, und du hast diese Entscheidung bitter bereut.

„Das passiert mir nicht noch mal!", sagst du dir. Ja, ich verstehe.

Dann ist da noch die Frage, wie du den anderen auf dem Laufenden hältst, wenn du einem anderen Menschen deine Probleme erst einmal anvertraut hast. Du fühlst dich dann verpflichtet, über alle Fortschritte oder Rückschläge ihm gegenüber Rechenschaft abzulegen.

Und noch etwas: Wir haben keinen Einfluss darauf, wie jemand reagiert, wenn wir ihm unsere Kämpfe anvertrauen. Vielleicht reagiert er mit einer sehr wenig einfühlsamen Antwort. Vielleicht versucht der andere, uns den Schmerz kleinzureden. Oder er schmeißt uns ein Bibelzitat an den Kopf. Und vielleicht passiert all das an einem einzigen Tag.

Auf diese und tausend andere Einwände habe ich nur eine Antwort: Du hast recht.

Du hast recht.

Wirklich!

Aber jede wertvolle Beziehung in meinem Leben ist eine, um die ich kämpfen musste.

Menschen können echte Idioten sein, sie können unzuverlässig, unsensibel, selbstbezogen und vergesslich sein. Ich weiß das, weil ich ein Mensch bin und irgendwann sicher all das auch schon gewesen bin. Aber was ebenso wahr ist: Auch du bist ein Mensch.

Anstatt also zuzulassen, dass der Feind uns in der Isolation gefangen hält, sollten wir einander an diese Wahrheit erinnern: *Ich habe eine Wahl.*

Ich kann mich erinnern, dass der Geist Gottes in mir lebt und mich begleitet, wenn ich mich anderen anvertraue, die ebenso nur Menschen sind und Beziehungen und Gnade genauso nötig haben wie ich.

Als ich meine Organisation *IF: Gathering* gegründet habe, gab es ein Missverständnis über meine Beweggründe, sie zu gründen, was in den sozialen Medien einen ziemlichen Wirbel verursachte. Eine ganze Reihe Frauen, die ich bewundere und an denen ich mich orientiere, fühlten sich angegriffen und glaubten, ich handelte in böser Absicht. Es fühlte sich an, als bildeten sich die Fronten rasch, die mich von all meinen Heldinnen trennten. Es war eine demütigende und ernüchternde Erfahrung, die ich beinahe nicht glauben konnte.

Da ich nicht wusste, was ich sonst tun sollte, begann ich, all diese Frauen anzurufen. Ich entschuldigte mich für meinen Anteil an dem Missverständnis. Ich bat um ihren guten Rat, wie ich in Zukunft die Dinge richtig machen konnte. Und ich dankte ihnen für den guten Einfluss, den sie auf mein Leben gehabt hatten.

Ich bin dankbar, dass sie nicht nur alle meine Anrufe entgegennahmen, sondern dass sie ebenso wie ich um Einheit bemüht waren. Wir fanden einen Weg, wie es weitergehen konnte, und bis heute zähle ich sie alle zu meinen engsten Freundinnen. Aber nach dieser Erfahrung war ich im Blick auf Beziehungen etwas ängstlich. Ich hatte Angst, irgendetwas zu sagen oder zu tun, was mich wieder zur Außenseiterin machen würde. Bis ich beschloss, ich könnte nicht länger nur unter Vorbehalt Beziehungen eingehen.

Niemand kann für immer in der Deckung bleiben. Wir müssen uns zeigen, mit allem, was wir sind.

Wenn ich in eine Situation gerate, in der ich dem Risiko gegenüberstehe, in einer Freundschaft ganz offen zu sein, entscheide ich mich, offen zu sein. Und wenn dann Probleme auftauchen (und das werden sie), versuchen wir sie gemeinsam zu lösen. Und weißt du was? Wenn wir konsequent dranbleiben, uns mit unserem ganzen Leben einander gegenüber zu öffnen, dann wird dieses Leben uns eine neue Weite schenken.

Nach unserem Umzug nach Dallas lernte ich eine neue Freundin kennen. Ellen ist sehr kultiviert und findet immer die richtigen

Worte. Jeden Brief, den sie bekommt, heftet sie ab. Ich mache meine Post manchmal nicht mal auf! Wir hatten gemeinsame Freunde, die vorschlugen, dass unsere Familien sich einem bestimmten Hauskreis anschließen sollten. Jetzt kann ich ihr das sagen, aber damals war sie für mich eine neue Bekanntschaft von der Sorte, die so beeindruckend ist, dass man sich in ihrer Gesellschaft eher eingeschüchtert fühlt (obwohl sie das natürlich nie beabsichtigt). Ich weiß noch, dass ich auf Nummer sicher ging, als wir uns das erste Mal begegneten. Damals hielt ich mich sehr zurück und fühlte ihr erst mal auf den Zahn.

Aber beim zweiten Mal beschloss ich, aufs Ganze zu gehen. Ich war, wie ich eben bin – rechthaberisch, laut, ehrlich und leidenschaftlich. Sie lachte, und danach telefonierten wir immer mal wieder miteinander. Sie mochte mich in meiner chaotischen Hochform. Ja, ich bin auch schon viele andere Risiken in Beziehungen eingegangen, die nicht so gut ausgegangen sind, aber so ist das nun mal zwischen Menschen.

BAU DIR EIN TEAM AUF

Wenn wir uns entscheiden, das Leben nicht länger im Alleingang zu bewältigen, sondern stattdessen das Risiko eingehen, im Kontext echter anderer lebendiger Menschen zu leben, brauchen wir zwei Ressourcen:
zum einen die Achtsamkeit, um zu wissen, was wir brauchen, und zum anderen genug Schneid, um uns das auch zu besorgen.

Hier sind ein paar Mutmacher, die geeignet sind, dich aus deiner Komfortzone herauszubringen und dir zu helfen, Menschen zu finden, die dir guttun.

Suche dir Menschen mit gefestigter Persönlichkeit

Paulus gibt in dieser Frage den folgenden Rat: „Folgt meinem Beispiel, so wie ich dem Vorbild folge, das Christus uns gegeben hat" (1. Korinther 11,1).

Folgt meinem Beispiel, so wie ich dem Vorbild folge, das Christus uns gegeben hat. Wenn du wissen willst, mit wem du eine engere Verbindung aufbauen sollst, dann suche nach Menschen, in deren Leben du diese Worte verwirklicht siehst. Such jemanden, der sehr klar in der Nachfolge Jesu lebt, und lade diesen Menschen zum Kaffee ein.

Im Lauf des letzten Jahres habe ich festgestellt, dass ich selbst gesünder geworden bin, indem ich mich nach gesunden Menschen umgesehen habe. Schon allein dieses Ausschauhalten nach gesunden Freundschaften hat zu mehr psychischer Gesundheit für mich geführt. Wohlgemerkt, ich habe nicht gesagt: Suche nach perfekten Menschen. Sondern: Menschen, die heil sind. Gesunde Persönlichkeiten.

Ist diese mögliche Freundin in gutem Kontakt mit ihren eigenen Stärken und Schwächen? Richtet sie ihr Leben an positiven Werten aus? Hat sie Kontakt zu all ihren Gefühlen und kann sie sie auch beherrschen? Hat sie sonstige gelungene Beziehungen oder scheint sie eher zurückgezogen zu leben? Fühlst du dich im Kontakt mit ihr gesehen und geschätzt? Kann sie gut zuhören oder lenkt sie das Gespräch immer wieder auf sich? Möchte sie sich selbst weiterentwickeln? Kommt sie dir glücklich vor? Ist sie im Einklang mit sich selbst?

Noch einmal: Niemand bekommt immer das alles zu 100 Prozent hin. Darum: Achte darauf, ob es hier Anzeichen für eine Entwicklung gibt. Wenn du tiefe Freundschaften suchst, solltest du mit Menschen anfangen, die über emotionale Intelligenz verfügen.

Und noch etwas ist wichtig: Auch wir müssen emotional stabile Freunde werden! Wenn niemand mit dir Freundschaft schließen möchte, gibt es vielleicht Gründe dafür. Bist du unterwegs in Richtung Gesundheit und nicht in Richtung Verbitterung? Ich persönlich schätze die Möglichkeit, mir durch Seelsorge oder Therapie Unterstützung zu holen, denn durch sie können wir ungesunde Verhaltensmuster ablegen, die wir an uns selbst kaum bemerken.

Trau dich zu fragen

Wenn du jemanden triffst, den du gerne näher kennenlernen würdest, frag sie einfach, ob sie an einem engerem Kontakt Interesse hat.

„Hast du Lust, morgen Nachmittag auf einen Kaffee vorbeizukommen?"

„Hast du den Wanderweg hinter unserem Viertel schon mal erkundet?"

„Hast du vielleicht Lust, mit deinem Mann zu einem Spieleabend vorbeizukommen?"

„Magst du dich vor dem Hauskreis mit mir zum Essen treffen?"

Ziemlich direkte Fragen.

Vor einigen Monaten fiel mir auf, dass es für die jungen Frauen, mit denen ich täglich in *IF: Gathering* arbeite und unter denen ein beachtliches Level an sozialer Intelligenz und echtem Bedürfnis nach Gemeinschaft und wirklicher Transparenz herrscht, immer noch viel zu viele Situationen gab, in denen sie andere nicht gern um Hilfe bitten.

Das Thema kam während eines Team-Meetings auf den Tisch. Ich nahm mir die Freiheit zu fragen: „Wer von euch fühlt sich unwohl dabei, um Hilfe zu bitten, selbst wenn ihr wirklich Hilfe gebrauchen könnt?"

Alle Arme hoben sich.

Großartig.

„Mädels", sagte ich, „aber wirklich, das müssen wir in Angriff nehmen."

Wir sprachen darüber, warum sie sich damit unwohl fühlten, und dann verteilte ich eine Aufgabe an alle: Im Lauf der nächsten 24 Stunden sollten sie alle wenigstens in einer Sache andere Personen um Hilfe bitten.

Bittet um einen kreativen Beitrag zu einem Projekt.

Bittet um Hilfe beim Ausladen des Autos.

Bittet um einen Spaziergang am Nachmittag.

Bittet um Rat bei einem Problem.

Es ging mir gar nicht darum, wofür sie um Hilfe baten; ich wollte nur, dass sie Übung darin bekamen, es überhaupt zu tun.

Also: Trau dich zu fragen. Frag solange, bis du dabei keine Bauchschmerzen mehr hast. Und weil dieser Rat vielleicht eines Tages lebensrettend sein kann, wiederhole ich ihn: Frag solange, bis du dabei keine Bauchschmerzen mehr hast.

Frag und frag und frag.

Sag Ja

Ich bin ein Mensch, für den alles Neue belebend ist wie Sauerstoff, und das bedeutet, dass ich leicht neue Kontakte schließe. Aber selbst wenn du eine introvertierte Zimmerpflanze bist, kannst du diesen Rat befolgen: Sag immer wieder einmal Ja. Hier gilt nur eine Warnung: Das bedeutet nicht, dass wir negativen und ungesunden Menschen Tür und Tor öffnen. Wozu wir Ja sagen, sind echte, gesunde Freundschaften (Prediger, 4, 9–12).

Vor ein paar Wochen rief meine Busenfreundin Jessica aus *Austin* an, um mir zu sagen, dass sie demnächst Geburtstag hätte und gern ein bisschen Zeit mit mir verbringen würde.

„Kommst du?", fragte sie. (Sie ist fantastisch im Fragen.) „Bitte!!!"

Hatte ich schon erwähnt, dass der Geburtstag bereits in der folgenden Woche war und dass ein Treffen eine mehr als dreistündige Fahrt bedeutete?

Passte mir der Zeitpunkt? Absolut nicht.

War es den Aufwand wert? In jedem Fall.

Wie schon gesagt, vielleicht treibe ich es etwas zu weit mit der Sag-doch-mal-Ja-Karte, vielleicht auch viel zu oft. Aber dies solltest du nicht vergessen: Wenn du nie zu einer Einladung Ja sagst, könnte es sein, dass irgendwann keine Einladungen mehr kommen.

Unser Leben gemeinsam zu leben hilft uns, unser falsches Denken zu korrigieren. Aber unser Leben gemeinsam zu bewältigen ist nur möglich, wenn wir auch von Zeit zu Zeit zusammen sind.

„Ja! Da würde ich sehr gern mitmachen."

„Ja, ich komme gerne mit."

„Ja. Lass uns gleich einen Telefontermin ausmachen."

Für den Fall, dass du dich mittlerweile zu einer Nein-Sagerin entwickelt hast, die jede Einladung, die ihr über den Weg läuft, ablehnt, würdest du dann – nur für heute – mal einen Versuch machen, wie ein Ja dir bekommt?

Sei ganz du selbst und das möglichst bald

Unser Gedankenkarussell der Isolation droht uns in Selbstgenügsamkeit und Scham festzuhalten. Aber Verletzlichkeit bringt es mit quietschenden Bremsen zum Stehen. Deshalb sei von Anfang an ganz du selbst, damit deine Freunde dich verstehen – und zwar so, wie du wirklich bist.

Ich kann unausstehlich sein, und ich bin die Erste, die das zugibt. Ich lache im unpassendsten Moment, etwa vor Gericht oder bei Beerdigungen oder wenn mein Kind eine Rede hält, die es sich hart erarbeitet hat. (Warum mache ich das? Das wüsste ich auch gerne!) Ich stelle direkte, zudringliche Fragen. Ich bin vergesslich. Ich unterbreche tiefe Momente, um zu fragen, wo du diesen tollen Pullover gekauft hast. Ich springe im Gespräch von einem zum anderen wie ein Kolibri, unfähig, ein Thema konsequent bis zu einem logischen Abschluss zu verfolgen.

Und wie meine Freundin Ellen habe ich im Blick auf Beziehungen zwei Möglichkeiten: Wenn ich neue Leute treffe, kann ich mich entweder verstellen und so tun, als wäre ich jemand, der ich nicht bin. Oder ich kann einfach genießen, dass ich nun mal so chaotisch bin, und mit Selbstironie und lachend einfach die sein, die ich bin.

Durch ein solch kühnes Vorgehen schrecken wir vielleicht die falschen Leute eher ab und ziehen die richtigen schneller an.

Sei unbequem und lass zu, dass andere dir unbequem werden

Wenn eine Bekanntschaft sich vertieft und zu einer Freundschaft wird, kann es schwerer werden, Fragen zu stellen oder um Hilfe zu bitten. Es steht jetzt mehr auf dem Spiel und die Angst vor Ablehnung ist durchaus real. Daher mein Rat: Geh aufs Ganze. Wenn dir auffällt, dass deine Freundin nicht mehr sie selbst ist, dann hake nach, bis sie sagt, was los ist. Lade sie zum Tee ein. Oder zum Lunch. Sag ihr, du möchtest für sie beten, weil du spürst, dass irgendetwas nicht in Ordnung ist. Gib keine Ruhe, bis sie genug Vertrauen gefasst hat, um offen zu sein. Irgendwann wird sie dir für deine Beharrlichkeit danken.

Umgekehrt musst du auch zulassen, dass andere dir auf die Pelle rücken, wenn du echte Gemeinschaft erleben willst. Geh das Risiko ein, einem anderen die ganze Wahrheit über dein Leben anzuvertrauen – heute noch. Ja, dabei kannst du verletzt werden. Ja, es kann peinlich werden. Und unbequem. Aber besser das Unbehagen ertragen, dass eine Freundin deine Hand hält und dein Leben teilt, als das Unbehagen zu erleben, glauben zu müssen, du wärest ganz allein.

Bevor wir weitergehen, möchte ich sicher sein, dass du im Blick auf den letzten Hinweis die Reihenfolge beachtet hast: Zuerst ergreifst du die Initiative. Und dann lässt du zu, dass andere die Initiative im Blick auf dich ergreifen. Ich kann nicht umhin festzustellen, dass ich immer, wenn ich auf Instagram etwas über Freundschaft und den Wert der Gemeinschaft poste, Reaktionen bekomme wie die folgenden:

„Niemand will mit mir befreundet sein."

„Mich fragt nie jemand um Rat."

„Ich tue, was ich kann, aber es kommt nichts zurück."

„Ich bin doch allen egal."

Hör mir gut zu. Solchen Gedanken Raum zu geben – in deinem Kopf und deinem Herzen – ist gleichbedeutend mit einem Freifahrtschein für den Feind. Diese Sätze sind einfach nicht wahr! Die Ironie liegt in der Tatsache, dass vermutlich eine Reihe der Menschen, von denen du denkst, du wärst ihnen egal, ganz genauso empfinden. Sie haben Angst, dass sie, wenn sie in eine Freundschaft mit dir investieren, abgelehnt werden könnten. Sie sind genauso frustriert, dass niemand ihre Bemühungen um Kontakt erwidert. Sie fragen sich, ob überhaupt jemand mit ihnen befreundet sein will.

Und deshalb kann ich nur wiederholen: Sei du diejenige, die zuerst unbequem wird. Vertrau dich an. Geh das Risiko ein. Sag, was du empfindest. Hör gut zu. Sei anderen die Freundin, die du dir für dich selbst wünschst (Lukas 6,31).

Vor einer Weile war meine Tochter mit ihrer Freundin und deren Familie verreist, und immer, wenn sie zwischendurch anrief, konnte ich am Klang ihrer Stimme hören, dass sie etwas ärgerte. Irgendetwas stimmte nicht. Das ging ein paar Tage so, bis ich schließlich das Risiko einging und nachfragte.

Sie erzählte mir nicht, worum es im Einzelnen ging, fragte aber, ob es für mich und ihren Dad okay wäre, wenn sie mit einem Seelsorger sprechen würde, wenn sie zurückkam. Zac und ich sind beide unbedingt der Meinung, dass Seelsorge oder Therapie sehr nützlich sind. Wir alle brauchen von Zeit zu Zeit *Übersetzer*, die uns widerspiegeln, was wir denken und empfinden. Wir alle brauchen es, in einem sicheren Umfeld die Wahrheit über uns selbst zu hören. Und wir alle brauchen Hilfe, um das Wort Gottes auf unser Leben anzuwenden. Es fiel uns also nicht schwer, Ja zu sagen.

„Aber bevor du einen Termin ausmachst", sagte ich zu Kate, „möchte ich, dass du eins weißt: Du kannst immer mit mir reden."

Es gäbe nichts, sagte ich ihr, wofür ich kein Verständnis haben würde oder das meine Liebe zu ihr beeinträchtigen könnte. Dann dauerte es eine ganze Weile, die Tränen flossen, und zwei Stunden später – ich telefonierte noch immer mit meiner unglaublichen Tochter – war ich unendlich dankbar für die Kraft der Gemeinschaft – mehr, als ich es seit langer Zeit gewesen war.

Einmal entdeckte ich in einem Café in *Colorado Springs* eine Grußkarte. Sie zeigte einen gemütlich aussehenden Bären. Darunter stand: „Wir waren zusammen. Den Rest hab' ich vergessen."

Genauso fühlte ich mich nach dem monumentalen Telefongespräch mit Kate. Was es im Einzelnen war, das sie quälte, ist mittlerweile verblasst, aber dieses Gefühl von Verbundenheit ist nicht verblasst und wird es auch nicht. Sie war entschlossen, mit jemandem zu reden, der ihr helfen konnte.

Ich bin so dankbar, dass ich es schließlich war.

DIE LETZTEN ZWEI PROZENT

Wenn wir unser Chaos loswerden wollen, liebe Freundin, dann können wir mit dem Feind nicht im Dunkeln allein bleiben. Wir müssen Retterinnen sein, wir müssen uns entschließen, ein Team aufzustellen.

Ich habe eine Wahl. Andere dürfen mein Innerstes kennen!

Ich möchte gerne darstellen, was auf dem Spiel steht und was für wunderbare Dinge geschehen können, wenn wir uns einander anvertrauen.

In meiner Heimatgemeinde in *Dallas* gab es diesen Spruch: „Sag mir die letzten zwei Prozent."

Vielleicht glaubst du, du kennst das Geheimnis, wie man ganz authentisch sein kann. Du sprichst über deinen Kampf mit einer bestimmten Sünde oder Unsicherheit. Aber selbst wenn wir großen Wert auf Authentizität legen, gibt es doch bei den meisten von uns eine Karte, die wir nicht auf den Tisch legen.

Es ist dieses kleine Geheimnis, das wir vor der Familie verbergen. Das, was wir nicht mit unseren Freunden teilen. Die Karte, die wir nicht ausspielen. Vielleicht sind die letzten zwei Prozent für dich, dass du dich heute maßlos über die Kinder aufgeregt hast. Oder es ist ein Fehler, der schon Jahre zurückliegt und von dem du noch nie jemandem erzählt hast. Ich möchte erzählen, was es für eine Freundin von mir war.

Jennifer hält in ihrem Haus in *Austin* regelmäßig Bibelgesprächskreise. Sie und ihr Mann sind leitende Mitarbeiter in ihrer Gemeinde. Sie sind ein fantastisches Paar. Sie lieben Jesus. Jennifer gehört zu meinen engsten Freundinnen.

Sie ist so echt. Ich mag sie so sehr, weil sie sich mir gegenüber oft verletzlich macht. Aber neulich rief sie an, um mir etwas zu erzählen, das sie bisher für sich behalten hatte.

Sie berichtete, dass sie im Lauf des letzten Semesters Zuneigung zu einem Kollegen entwickelt hatte. Zuerst war es kaum spürbar. „Er war reizend und trotzdem weiß ich nicht, wie es dazu kam. Ich liebe meinen Mann und meine Ehe bedeutet mir alles", sagte sie. „Aber ich stellte fest, dass ich mich von ihm angezogen fühlte." Immer wieder blieb sie nach einem Meeting ein wenig länger, um noch mit ihm zu sprechen.

Dann sagte sie: „Ich weiß, es ist wahnsinnig, und ich hoffe, ich bin bei dir jetzt nicht unten durch, aber ich habe angefangen, ihm SMS zu schreiben. Schließlich habe ich eine gemeinsame Freundin bei *IF:Gathering* zur Seite genommen und ihr gesagt: ‚Ich muss die letzten zwei Prozent auf den Tisch legen, die ich noch niemandem anvertraut habe.'" Dann sprach sie laut aus, worum es ging.

Und hier wird es echt verrückt. Sie sagte: „Jennie, von dem Moment an, in dem ich es laut ausgesprochen habe, war es mit seiner Anziehungskraft vorbei (Jakobus 5,16)."

Wirklich verrückt.

Wir bleiben im Dunkeln mit dem Feind allein. Wir hüten unsere Geheimnisse sorgfältig. Wir legen nicht alle Karten auf den Tisch. Warum auch? Wir denken: Es ist doch keine große Sache. Es bedeutet gar nichts. Und überhaupt werde ich es nicht wieder tun.

Wir spielen unsere letzten Karten nicht aus und durch unsere Geheimnisse hat der Feind Macht über uns.

Aber wenn wir laut aussprechen, was unsere Gedanken beschäftigt, wenn wir unsere dunklen Kämpfe offenlegen, nehmen wir sie gefangen und brechen ihre Macht. Wir stellen das Evangelium auf die Probe, sodass es sich beweisen kann. Wir bringen die Gemeinschaft ins Spiel. Auf diese Weise zu kämpfen, dafür hat Gott uns geschaffen.

Gesehen. Erkannt. Geliebt.

Darum lasst uns kämpfen.

UND WENN MEIN SCHLIMMSTER
ALBTRAUM WAHR WIRD?

SIE WERDEN DENKEN, ICH …

ICH BIN DAFÜR NICHT GUT GENUG.

HABE ICH DAS GANZ FALSCH AUSGEDRÜCKT?

WAS PASSIERT, WENN …

MEIN GANZES LEBEN IST
AUSSER KONTROLLE.

ICH BIN SO SCHLECHT IN MEINEM
JOB, DASS ICH VERMUTLICH
JEDEN MOMENT GEFEUERT WERDE.

ES WIRD IHNEN ETWAS
SCHRECKLICHES ZUSTOSSEN.

FURCHTLOS

Ich entscheide mich dafür,
meine Ängste an Gott abzugeben

Es war mir so eng um die Brust, dass ich kaum atmen konnte. Es war Sonntagabend, vor mir lag eine volle Woche, und ich freute mich auf alles, was vor mir lag. Doch warum konnte ich nicht atmen?

Ich setzte mich auf mein Bett, weil ich nicht wusste, wo ich sonst hätte sein sollen. Es war, als schrie mein Körper: „Es stimmt etwas nicht!" Und meine Gedanken überschlugen sich, um herauszufinden, was es war.

Ich habe festgestellt, dass unser Denken manchmal den Gefühlen hinterherhinkt, während der Körper mit unseren Gefühlen noch im Kontakt ist und uns Hinweise sendet, dass irgendetwas in uns abläuft. Ich glaube sogar, es ist ein Geschenk, dass Gott uns so konstruiert hat, dass unser Körper uns signalisiert, wenn wir in eine gefährliche Richtung abdriften.

Ich schrieb gerade an diesem Buch, und ich hatte den Eindruck, Gott nutzte diesen Augenblick extremer Verwirrung, um mich daran zu erinnern, dass die Gefangennahme all unseren Denkens nicht nur ein hilfreiches Verfahren ist, das wir uns angewöhnen sollten, sondern dass ich mich mitten in einem Krieg befand.

Zac setzte sich neben mich, und ich schlang die Arme um meine Taille, als wolle ich mich selbst zusammenhalten. Als ich ihn halb im Scherz bat, ein Antidepressivum von den Nachbarn zu schnorren, gab er liebevoll zurück: „Schatz, das wäre illegal."

Also saß ich einfach da. Ich betete. Und ich durchforstete mein Gehirn danach, was mein Körper mir wohl sagen wollte. Was stimmte nicht?

Und während ich so in den Abgründen meiner Denkmuster der letzten Zeit grub, fiel mir etwas auf.

Ja, ich war begeistert von den großartigen Möglichkeiten meiner Arbeit in den nächsten Wochen. Aber über das alles hatte eine raffinierte Lüge ihren Schatten geworfen. Diese raffinierten Lügen können sich anfühlen wie ein schwerer Mantel, in den wir – vielleicht aus reiner Gewohnheit – hineinschlüpfen, obwohl es ein sonniger, warmer Tag ist.

Der Gedankenkreislauf, der in mir ablief, war folgender: Und wenn ich scheitere? Wenn ich dieser Aufgabe nicht gewachsen bin?

Was dem noch mehr Gewicht verlieh, war die vertraute Stimme aus dem Dunkeln: Ich bin wertlos.

Das hatte ich als ein vages, undefiniertes Gefühl von Schwere mit mir herumgetragen. Wäre es ein klar umrissener Gedanke gewesen, hätte ich ihn sofort bekämpft und ihm die Wahrheit gegenübergestellt: Gott genügt mir. Gott wählt diejenigen, die am wenigsten qualifiziert sind, damit ihm alle Ehre zukommt. Ich muss hier nichts beweisen.

Aber ich hatte nicht einmal bemerkt, was vor sich ging, bis die Lüge mich in die Abwärtsspirale hineingezogen hatte und mein Körper die Angst anzeigte, die mich unterbewusst umtrieb.

SORGEN UM VIELE DINGE

Wie oft schleppen wir uns durch unsere Tage, weil uns Angst wie ein Gewicht niederdrückt? Wie oft kreisen unsere Gedanken um problematische Situationen oder schwierige Menschen? Oder die Angst ist zur Hintergrundmusik unseres Lebens geworden, so vertraut, dass wir kaum noch wahrnehmen, dass sie im Hintergrund jeder Szene abläuft. (Ich betone: Ich spreche hier von Denkmustern, nicht von Ängsten, die ihre Ursache in der Biochemie unseres Körpers haben – für diese Ängste rate ich dringend, professionelle Hilfe zu suchen, wenn dies bei dir der Fall ist.)

Der Feind umgarnt uns mit zwei kurzen Worten: „Was, wenn?" Mit diesen beiden kurzen Worten treibt er unsere Vorstellungskraft an, sodass sie lauter Schreckensszenarien erfindet, die uns bevorstehen.

Unsere Waffe, um „Was, wenn?" zu besiegen, findet sich, kaum verwunderlich, in zwei anderen kleinen Worten: „Weil Gott."

Weil Gott die Lilien auf dem Feld kleidet und die Vögel unter dem Himmel speist, müssen wir uns nicht um morgen sorgen (Matthäus 6,25–34).

Weil Gott unser Herz mit seiner Liebe erfüllt hat, geht unsere Hoffnung nicht ins Leere (Römer 5,5).

Weil Gott beschlossen hat, uns durch seine Kraft zu retten, können wir im Glauben festbleiben, egal, was der Tag gerade bringt (Epheser 3,16).

Freiheit beginnt da, wo wir erkennen, was uns fesselt. Denn dann können wir dem die Wahrheit entgegensetzen.

Die Angst sagt: „Was, wenn?"

- Was, wenn diese Beziehung zu eng wird und sie mich manipuliert, wie das letzte Mal, als ich jemandem vertraut habe?

- Was, wenn mein Ehepartner mich betrügt?
- Was, wenn meinen Kindern etwas zustößt?
- Was, wenn mein Chef beschließt, er könne auf mich verzichten?
- Was, wenn …
- Was, wenn …

Sicher gibt es eine gesunde Angst, die unserem Gehirn signalisiert, sich vor Dingen zu fürchten, die wirklich zum Fürchten sind – wie die Begegnung mit einem Bären im Wald oder ein herankommendes Auto, wenn wir die Straße überqueren.

Einer der Herausgeber der Zeitschrift *Medical News Today* schrieb: „Das Problem entsteht dort, wo dieser lebensrettende Mechanismus im unpassenden Moment getriggert wird oder ständig eingeschaltet ist."[26] Die Sorte Angst, die unsere Gedanken im Kreis rasen lässt, ist dann gegeben, wenn unsere emotionale Reaktion auf erschreckende Dinge jenseits des Vernünftigen liegt und sich ins Unlogische steigert, weil das Angstnetzwerk in unserem Gehirn überreagiert.

*

Wir finden immer neue Angelegenheiten, über die wir uns sorgen können, und neue Facetten zu jeder dieser Angelegenheiten, als könnten wir uns auf das, was kommt, vorbereiten, indem wir uns ständig den Kopf zerbrechen. Wir erleben deutliche körperliche Reaktionen auf Dinge, die keine echte Bedrohung darstellen, und unsere Zukunftsängste machen uns Beklemmungen, verhindern, dass wir uns entspannen oder wirklich präsent sind, und lassen uns total vergessen, dass es einen Gott gibt, der uns geben will, was wir brauchen – heute, nächste Woche und auch noch in 20 Jahren, selbst wenn unsere schlimmsten Albträume wahr werden sollten.

Unsere „Was, wenns" treiben uns in den Tod.

Aber es gibt einen besseren Weg, denn wir haben die Wahl.

LÜGE: Ich kann mich nicht darauf verlassen, dass Gott sich auch um mein Morgen kümmert.

WAHRHEIT: Gott hat jeden Tag meines Lebens in seiner Hand.

Bei euch sind sogar die Haare auf dem Kopf alle gezählt. Darum habt keine Angst! Ihr seid Gott mehr wert als ein ganzer Spatzenschwarm. (Lukas 12,7)

Ich entscheide mich, meine Ängste an Gott abzugeben.

WAS IST WAHR

Paulus wusste, wir würden ins Rotieren kommen. Deshalb rät er uns, die Lügen gegen etwas Überraschendes einzutauschen. Er schreibt:

Macht euch um nichts Sorgen! Wendet euch vielmehr in jeder Lage mit Bitten und Flehen und voll Dankbarkeit an Gott und bringt eure Anliegen vor ihn. Dann wird der Frieden Gottes, der weit über alles Verstehen hinausreicht, über euren Gedanken wachen und euch in eurem Innersten bewahren – euch, die ihr mit Jesus Christus verbunden seid. Und noch etwas, Geschwister: Richtet eure Gedanken ganz auf die Dinge, die wahr und

GEFÜHL

Angst vor realer
oder vermeintlicher
Bedrohung

GEDANKE

Ich kann mich nicht darauf
verlassen, dass Gott auch
für morgen sorgt.

VERHALTEN

Widerstand gegen
Gottes Autorität

BEZIEHUNGEN

Kontrollierend
und manipulativ

FOLGEN

Ständige Angstzustände

FOLGE

Angstfrei

BEZIEHUNGEN

Präsent und offen

VERHALTEN

Anerkennung von
Gottes Autorität

GEDANKEN

Gott hat jeden
Tag meines Lebens in
der Hand.

ICH ENTSCHEIDE MICH
DAFÜR, MICH GOTT
ZU UNTERSTELLEN.

GEFÜHL

Angst vor realer
oder vermeintlicher
Bedrohung

*achtenswert, gerecht, rein und unanstößig sind und allgemeine
Zustimmung verdienen; beschäftigt euch mit dem, was vorbildlich ist und zu Recht gelobt wird.* (Philipper 4,6–8, NGÜ)

Zunächst möchte ich herausstellen, wozu Paulus hier aufruft. Es
ist nicht einfach nur eine Empfehlung, es ist eine klare Anweisung.
„Macht euch um nichts Sorgen!"

Um nichts?

Um nichts.

Wie kann Paulus das sagen? Ist das wirklich ein Gebot Gottes?

Nun, Paulus hatte jede Menge Grund, sich Sorgen zu machen.
Als er diese Worte schrieb, war er im Gefängnis und musste mit
einem Todesurteil rechnen. Paulus meinte, was er schrieb. Und
zwar aus einem einfachen Grund: Diese Erde ist nicht unsere Heimat, doch unsere Heimat im Himmel ist uns sicher. Wenn also
nicht einmal der Tod zu fürchten ist, wovor sollten wir uns dann
überhaupt noch fürchten?

Gottes Versprechen gibt uns in absolut jeder denkbaren Lebens-
lage eine letzte Hoffnung. Er sorgt für alle Bedürfnisse. Er wird
(letztendlich) jedes Problem lösen, mit dem wir es hier auf der Erde
zu tun haben. Paulus ist sich dieser Tatsache sehr gewiss. Und dann
gibt er weiter klare Anweisungen, wie wir uns von angstbesetzten
Gedanken befreien können:

1. Entscheide dich, dankbar zu sein.
2. Entscheide dich, deine Gedanken ganz auf die Dinge
   zu richten, die wahr und achtenswert, gerecht, rein
   und unanstößig sind und allgemeine Zustimmung
   verdienen; und beschäftige dich mit dem, was vorbildlich ist und zu Recht gelobt wird.

Sehen wir uns für einen Moment nur einen dieser Austauschgedanken genauer an: „Richte deine Gedanken auf die Dinge ... die wahr ... sind."

Was die meisten von uns immer wieder in Nöte bringt, sind nicht einmal reale Befürchtungen. Wir sorgen uns um Dinge, die vielleicht nie passieren. Studien haben sogar erwiesen, dass „97 Prozent der Dinge, über die wir uns sorgen, nicht viel mehr sind als ein ängstliches Gemüt, dass uns mit Übertreibungen und verzerrten Wahrnehmungen quält."[27]

Meine Schwester Kate ist eine Sechs nach dem Enneagramm, einer modernen Persönlichkeitstypologie mit jahrhundertealten Wurzeln. Immer wieder bringt sie mich zum Kopfschütteln, weil ungefähr 50 Prozent der Gespräche, die wir führen, sich um hypothetische Szenarien drehen. Ich bin eine Sieben im Enneagramm. Für unsere Beziehung bedeutet das: Sie ist ständig damit beschäftigt, was alles schiefgehen könnte, und ich bin fixiert darauf, was alles gutgehen könnte.

Ich könnte mir denken, dass es für Leute von meinem Typ leichter ist, zu beherzigen, was Paulus schreibt. Aber trotzdem: Unabhängig von unserem Persönlichkeitstyp hat Gott uns alle zur Hoffnung, zur Freude, zur Ausdauer im Glauben berufen – unsere Gedanken auf das zu richten, was wahr ist!

Im Johannesevangelium finden wir eine unglaubliche Beschreibung des Feindes. Jesus war frustriert, weil alle möglichen irrigen Meinungen darüber im Schwang waren, was er tat und warum er es tat. Menschen, die mit ihm stritten, sagte er Folgendes:

Wenn Gott euer Vater wäre, würdet ihr mich lieben. Denn von Gott bin ich zu euch gekommen, nicht im eigenen Auftrag; Gott ist es, der mich gesandt hat. Aber ich kann euch sagen, warum mein Reden für euch so unverständlich ist und wie es kommt, dass ihr gar nicht fähig seid, auf mein Wort zu hören:

Ihr stammt vom Teufel; der ist euer Vater. Und was euer Vater wünscht, das führt ihr bereitwillig aus. Er war von Anfang an ein Mörder und stand nie auf dem Boden der Wahrheit, weil es in ihm keine Wahrheit gibt. Wenn er lügt, redet er so, wie es seinem ureigensten Wesen entspricht; denn er ist ein Lügner, ja er ist der Vater der Lüge. (Johannes 8,42–44; NGÜ)

Die Wahrheit ist die mächtigste Waffe, die wir gegen den Feind haben, der „ein Lügner und der Vater der Lüge" ist. Daher bekämpfen wir den Feind mit allem, was wahr ist – was besagt: Mit allem, was real ist!

Sieh dir das Diagramm auf Seite 140 an.

Jetzt nimm einen der angstbesetzten Gedanken, der dir durch den Kopf schwirrt, und schreib ihn auf.

Wie lautet der Gedanke?

Und jetzt stell eine Diagnose. Ist er wahr?

Geh dann einen Schritt weiter und frage dich: Was sagt Gott zu diesem Gedanken? Um diese Frage zu beantworten, suchst du in der Bibel nach Antworten und du redest mit Menschen in deiner Gemeinde, denen du vertraust. Du sagst: „Ich habe immer diesen Gedanken. Was sagt Gott dazu? Was ist die Wahrheit?"

Dann triffst du eine Entscheidung: Willst du Gott glauben oder willst du die Lüge glauben?

Ich vermute, den meisten von uns fällt es leicht, den Gedanken zu benennen, ihn als Lüge zu erkennen und auch zu wissen, wie die Wahrheit lautet. Aber beim letzten Schritt scheitern wir. Wir glauben weiter der Lüge, verhalten uns entsprechend und lassen zu, dass unsere „Was, wenns" unsere Gedanken in den Wahnsinn treiben.

Was mir klar wurde, als ich aus meiner 18 Monate dauernden Zweifelspirale auftauchte, war dies: Ich musste in den Krieg ziehen. Ich musste im Wort Gottes lesen und jede Waffe entdecken, die mir in diesem Krieg zur Verfügung stand.

Wusstest du nicht, dass Paulus das auch tun musste, während er im Gefängnis saß? Er musste um seinen Glauben kämpfen. „Denn Christus ist mein Leben und das Sterben für mich nur Gewinn. Weil ich aber mehr für Christus erreichen kann, wenn ich am Leben bleibe, weiß ich nicht, was ich mir wünschen soll" (Philipper 1,21–22).

Ja, der Glaube ist ein Geschenk, aber manchmal ein hart errungenes. Paulus schreibt offen darüber, wie Gott ihm in diesem Kampf geantwortet hat: „Aber er hat zu mir gesagt: ‚Meine Gnade ist alles, was du brauchst! Denn gerade wenn du schwach bist, wirkt meine Kraft ganz besonders an dir.' Darum will ich vor allem auf meine Schwachheit stolz sein. Dann nämlich erweist sich die Kraft von Christus an mir" (2. Korinther 12,9).

Diese Worte haben mich sehr getröstet. Sie haben mir versichert, dass mein eigenes Ringen um den Glauben eine Baustelle mit Aussicht auf ein Vorankommen war.

Ich kann weiterhin Bibelarbeiten halten, ich kann weiterhin *IF: Gathering* leiten, ich kann meine Kinder mit in den Gottesdienst nehmen, weil Gott in Wahrheit existiert. Meine Gefühle dagegen beruhen zumeist nicht auf dem, was wahr ist, sondern auf Geschichten, die mein Kopf erfindet.

Was ist denn wahr?

Gott ist wahr. Er verschwindet nicht, auch wenn mein Geist sich an alle möglichen dunklen Orte verirrt. Auf meine Gedanken oder Gefühle kann ich mich nicht verlassen, wenn es darum geht, meinen Glauben fest zu verankern. Wer meinen Glauben verankert, ist Gott.

BENENNE DEN GEDANKEN

Wie lautet er?

STELL EINE DIAGNOSE

Ist er wahr?

BRING IHN VOR GOTT

Was sagt Gott dazu?

TRIFF EINE ENTSCHEIDUNG

Will ich Gott glauben?

WAS SOLL ICH BLOSS TUN?

Die Frau, die vor mir stand, bebte förmlich vor Anspannung. Ihre pubertierende Tochter war ernsthaft auf Abwege geraten und dieser Mutter brach das Herz in tausend Stücke. Mit Tränen in den Augen fragte sie: „Jennie, was soll ich bloß tun?"

Was soll ich tun?

Ich habe zahllose Frauen diese Frage stellen hören, Frauen, die vor die unterschiedlichsten Herausforderungen gestellt waren – untreue Ehemänner und belastende Suchterkrankungen, gescheiterte Finanzinvestitionen und aufsässige Kinder, vernichtende Diagnosen und ... und ... und ...

Und immer wenn sie erklärt haben, was ihre Geduld strapaziert und ihr Herz in Versuchung und sie ins Stolpern bringt, stellen sie dieselbe Frage: „Was soll ich tun?"

Was sie sich fragen, ist: Was soll ich tun, um die Situation in Ordnung zu bringen? Oder um meine Perspektive in Ordnung zu bringen. Oder um Schmerz und Leid zu umgehen.

Oder wenn das alles keine Möglichkeiten sind, dann wollen sie, dass ich ihnen sage, wie um alles in der Welt sie weitermachen können, ohne völlig zu verzweifeln.

Was tun wir also? Wir bieten unseren Gedanken die Stirn. Wir reißen Bollwerke nieder – durch die Kraft Gottes. Wir finden heraus, ob wir Dinge über uns selbst oder über Gott glauben, die nicht wahr sind, und genau dagegen ziehen wir zu Felde.

Psst. Darf ich dir noch die größte Neuigkeit von allen verraten? Du bist nicht Gott. Du bist nicht allwissend.

Wenn wir zulassen, dass unsere Gedanken vor Sorge und Angst Amok laufen, ob nun bewusst oder unbewusst, versuchen wir, uns einen Weg zur Allwissenheit freizuboxen. Aber diese Rolle kommt nur Gott zu. Wir vergessen, dass es tatsächlich eine gute Nachricht ist, dass er die Dinge im Griff hat und nicht wir. Du und ich, wir

ICH ENTSCHEIDE MICH, GOTT ZU VERTRAUEN.

haben vielleicht viele Gaben und Talente, aber Gott zu sein gehört nicht dazu.

Ich weiß, das ist leicht gesagt und viel schwerer gelebt, aber das ist genau der Grund, warum wir uns zusammen in das Wort Gottes vertiefen. Veränderung ist schwierig und geschieht vielleicht nur langsam. Schließlich erwachsen unsere Befürchtungen aus tief verwurzelten Gedanken und hartnäckigen Sünden. Aber weil wir zu einer neuen Schöpfung geworden sind, haben wir die Kraft des Geistes zur Verfügung, uns für die Wahrheit zu entscheiden.

Unser Denken zu verändern ist möglich.

Wenn du die Lüge erkennst, die dir so schwer auf den Schultern liegt, kannst du diesen erstickenden Mantel ausziehen und beiseitelegen.

Welchen angstbesetzten Gedanken benutzt der Feind, um deinen Glauben zu ersticken?

Benenne ihn.

Nenn ihn beim Namen.

- *Ich mache mir Sorgen, ob ich mit allem fertigwerden kann, was die Zukunft bereithält.* – Ich entscheide mich zu glauben, dass Gott nicht zulassen wird, dass mein Glaube in Prüfungen gerät, die ich nicht bestehen kann (1. Korinther 10,13).
- *Ich befürchte, dass mich letztlich alle im Stich lassen.* – Ich entscheide mich zu glauben, dass Gott versprochen hat, mich nie zu verlassen, und dass er seine Versprechen immer hält (Hebräer 13,5–6).
- *Ich fürchte, ich könnte alles und jeden verlieren, die ich liebe.* – Ich entscheide mich zu glauben, dass Gott immer für mich da sein wird – in meinen strahlendsten Siegen und den dunkelsten Momenten großen Schmerzes (Psalm 54,5–6).

- *Ich habe Angst, durchschaut zu werden.* – Ich entscheide mich zu glauben, dass Gott alle meine Gedanken schon kennt, bevor ich sie denke, und dass er mich trotzdem liebt (Psalm 54,4; Psalm 139,1–2).
- *Ich fürchte, dass ich tatsächlich nicht fähig bin, diesen Beruf auszuüben.* – Ich entscheide mich zu glauben, dass Gott mir alles gegeben hat, was ich für ein Leben brauche, das ihm gefällt (2. Petrus 1,3).
- *Ich habe Angst vor Ablehnung.* – Ich entscheide mich zu glauben, dass Gott mich als sein Kind angenommen hat und mich nie verlassen wird (1 Johannes 3,1–2).
- *Ich mache mir Sorgen, ob ich den Erwartungen der anderen gerecht werden kann.* – Ich entscheide mich zu glauben, dass Gott möchte, dass ich vor allem seine Anerkennung suche und mich von dem Druck befreie, es allen anderen recht zu machen (Galater 1,10).
- *Ich habe Angst, kläglich zu versagen, und alle anderen kriegen es mit.* – Ich entscheide mich zu glauben, dass Gott ein Spezialist darin ist, unsere Schwachheit zu seiner Ehre zu nutzen (2. Korinther 12,9–11).

So sieht es aus, wenn wir unsere Gedankenkarussells bekämpfen. Wir reißen uns die negativen Gedanken aus dem Kopf und rauben ihnen ihre Macht. Anschließend ersetzen wir sie durch das, was wahr ist!

SORGEN UM NICHTS

Meine Freundin Jackie versucht seit fünf Jahren, schwanger zu werden. Der Kummer in ihrer Seele ist fast unerträglich. Als wir uns kürzlich getroffen haben, war ihre Verzweiflung so groß, dass sie kurz davor war, jede Hoffnung auf das Leben, auf Gott, auf seine „guten und vollkommenen Gaben" aufzugeben (Jakobus 1,17).

Sie sah mich an, als wolle sie sagen: „Vielleicht hat er mich vergessen? Was, wenn meine Träume nicht wahr werden?"

Wir redeten weiter – im Kreis von einer ganzen Gruppe von Frauen, die Jackie liebten und ihr jetzt ihren Glauben liehen. Nicht ihren Glauben daran, dass Gott sich dadurch beweisen würde, dass Jackie plötzlich schwanger würde, aber ihren Glauben daran, dass Gott zu Jackie stehen würde, egal, was käme.

Jackie ging von diesem Treffen ermutigt und voller Hoffnung heim. Vor ihr lagen ein paar neue Herausforderungen und das Weiterleben in einer Welt, in der es vielleicht kein Baby in ihrem Schoß geben würde. Weil Gott gut und vollkommen ist, selbst wenn das Leben es nicht ist, war Jackie entschlossen zu glauben, dass er alles in seiner Hand hält.

Es gibt kein Versprechen, dass unsere schlimmsten Albträume nicht wahr werden. Manchmal passiert es eben doch. Aber auch dann bleibt Gott die Hoffnung, die uns nicht enttäuscht.

Wir können an Krebs erkranken, aber durch Gottes Macht wird der Krebs uns nicht besiegen, jedenfalls nicht am Ende.

Der Ehepartner kann untreu werden, aber durch Gottes Macht wird diese Untreue nicht unser Leben bestimmen.

Wir können in finanzielle Notlagen geraten, aber mit Gottes Kraft können wir weitermachen.

Enttäuschung und Zweifel können uns zu schaffen machen, aber durch Gottes Macht werden sie nicht das letzte Wort haben.

Meine Schwägerin Ashley liest jedes Jahr einmal Corrie ten Booms Buch *Die Zuflucht*. Sie sagt, es erinnere sie daran, dass Gott genügt, was auch immer die kommenden Monate für sie und ihre Familie bereithalten.

Neulich sprach ich mit ihr über manches, was mir im Blick auf meine Kinder Sorgen machte, und sie rief mir die folgende Geschichte in Erinnerung, die Corrie in diesem Buch erzählt:

> Vater setzte sich auf die Kante des schmalen Bettes.
> „Corrie", begann er leise, „wann gebe ich dir die Fahrkarte, wenn du und ich nach Amsterdam fahren?"
> Ich dachte nach und schniefte ein paarmal.
> „Nun, kurz ehe wir in den Zug steigen."
> „Das stimmt. Und unser weiser Vater im Himmel weiß auch, wann wir etwas brauchen. Lauf ihm nicht voraus, Corrie. Wenn die Zeit kommt, dass einer von uns sterben muss, wirst du in dein Herz blicken und die Kraft finden, die du brauchst."[28]

Wir haben immer genau das, was wir brauchen, wenn wir es brauchen. Glauben wir das?

Wenn wir glauben, dass wir die Wahl haben, zu vertrauen, statt uns zu sorgen, was folgt dann aus diesem Vertrauen für die Weise, wie wir leben?

Wir werden auf dem Boden dessen leben, was wahr ist – wahr im Blick auf uns selbst: nämlich dass wir den Geist Christi haben.

Paulus erklärt im Philipperbrief, dass das wahr ist: „Eure Einstellung soll so sein, wie sie in Jesus Christus war" (Philipper 2,5).

Was machen wir also, wenn wir anfangen, uns in unseren Gedanken zu verfangen?

Wir tun, was wir tun müssen.

Wir gehen das Risiko ein, uns jemandem mitzuteilen, auch wenn wir vielleicht selbst meinen, unsere Sorgen seien lächerlich.

Wir entscheiden uns bewusst, angstbesetzte und unwahre Gedanken von der Bühne unseres Geistes zu verbannen.

Wir erinnern uns daran, wer Gott ist, und wir werfen unsere Sorgen auf ihn (1. Petrus 5,7). Vielleicht müssen wir das sogar hundertmal am Tag tun.

Und wir gründen uns auf Gottes Versprechen, dass er uns seinen Frieden schenkt.

*

Nach meinem sonntäglichen Angstanfall neulich habe ich eine Freundin angerufen. Callie hörte mir zu, während ich schilderte, was passiert war – selbst die letzten zwei Prozent, für die ich mich schämte. Und dann lachte sie leise und sagte: „Okay, Jennie. Das ist eine Lüge des Feindes. Und du wirst dich davon nicht länger lähmen lassen."

Sie kämpfte für mich, und als ich mich selbst nicht aus der Schlinge ziehen konnte, tat sie es für mich.

Liebe Freundin, dasselbe möchte ich für dich tun. Bitte höre, was ich sage: Ganz gleich, wie dein Leben heute aussieht, ganz gleich, was die Zukunft bringt – Gott sorgt für uns.

Seht euch an, wie die Lilien blühen! Sie mühen sich nicht ab und können weder spinnen noch weben. Ich sage euch, selbst König Salomo war in seiner ganzen Herrlichkeit nicht so prächtig gekleidet wie eine von ihnen. Wenn Gott sogar die Blumen so schön wachsen lässt, die heute auf der Wiese stehen, morgen aber schon verbrannt werden, wird er sich nicht erst recht um euch kümmern? Vertraut ihr Gott so wenig? (Lukas 12,27–28)

Vertrauen wir Gott so wenig? Wir werden gesehen und sind versorgt und haben nichts zu fürchten, denn Gott hat uns im Blick.

WENN ICH NICHT FÜR MICH SELBST
SORGE, TUT ES NIEMAND.

NICHTS IST SO GUT,
WIE ES SCHEINT.

WENN ICH IM LEBEN IRGENDWAS GELERNT
HABE, DANN, DASS MAN NICHT GLAUBEN DARF,
WAS DIE LEUTE SAGEN.

WENN ICH NICHT AUFPASSE,
WERDE ICH AUSGENUTZT.

MACH DIR NICHT ZU VIELE
HOFFNUNGEN, SONST WIRST DU UMSO
BITTERER ENTTÄUSCHT.

GLAUBE IST WAS FÜR IDIOTEN.

ICH KOMME SEHR GUT ZURECHT.
ICH BRAUCHE KEINE HILFE – VON NICHTS
UND NIEMANDEM.

EINE WUNDERVOLLE
UNTERBRECHUNG

Ich entscheide mich
für die Freude an Gott

Mein Team von *IF:Gathering* und ich gehen oft zusammen essen. Neulich saßen wir wieder einmal in einer fröhlichen Runde, aßen Käse und redeten über Optimismus. Ich hatte mich mit dem Thema beschäftigt und war der Meinung, wir alle – sowohl als Einzelne als auch als Team – bräuchten mehr davon. Die Mädels in meinem Team sehen sich eher als Kampfgefährtinnen denn als Kolleginnen. Wir haben miteinander schon so manche Schlacht geschlagen.

Doch an diesem Nachmittag redeten wir mehr über das Gegenteil von Optimismus: Zynismus. Meine Studien im Blick auf negatives Denken hatten bestätigt, dass wir, wie mit allen Gedankenspiralen, immer eine Wahl haben. Wir können uns vielleicht die Menschen und die Umstände unseres Lebens nicht immer aussuchen, aber wir können entscheiden, wie wir darauf reagieren. Wir können wählen, wie unsere Gedankenwelt und daher auch unser Leben aussehen sollen.

Hier ist das Beispiel, mit dem ich mein Team zu überzeugen versuchte.

Angenommen, wir gehen abends gemeinsam auf eine Party und die Leute, neben denen wir sitzen, beschweren sich, dass das Essen nicht schmeckt, die Musik zu lahm und der Gastgeber unfreundlich ist – dann würden wir anschließend die ganze Party als negative Erfahrung verbuchen. Auch wenn wir selbst am Essen oder an der Atmosphäre gar nichts auszusetzen gehabt hätten – unsere Nörgelei würde uns mit ins Negative ziehen.

Wir würden nach Hause gehen und denken: *grässliche Party.*

Aber wenn wir auf derselben Party wären und stattdessen neben jemandem säßen, der über das köstliche Essen, die coole Musik, die durchdachte Sitzordnung und die wunderbare Gastfreundschaft schwärmte, dann würden wir beim Gehen sagen: „Was für eine tolle Party!"

Was wäre, wenn es nicht um eine Party ginge, sondern um unser Leben? Wie oft entscheiden wir uns dafür, unglücklich zu sein? Anstatt das Beste in allem zu sehen und die guten Dinge zu feiern, haben wir uns entschieden, nur unsere Kämpfe zu sehen und uns über alles zu beklagen, was nicht optimal läuft.

Ich fragte dann in die Runde, ob wir nicht alle viel mehr Freude erleben könnten, wenn wir uns entschlössen, in jeder Situation das Beste zu sehen.

Eine aus dem Team kommentierte: „Jennie, ich versteh schon, was du sagst. Aber wenn ich beschließe, nur noch das Beste im Leben zu sehen, werde ich bestimmt ausgenutzt." Andere stimmten ihr zu. Sie fürchteten, wenn sie nicht vorsichtig wären, würde man sie für naiv halten und übervorteilen.

Da ist was dran, dachte ich.

Aber ich werde nie vergessen, was unsere Kollegin Elizabeth dann sagte: „Und? Wärst du nicht trotzdem glücklicher?"

Elizabeth ist ein Wesen bestehend aus Sonnenschein und Liebenswürdigkeit, sie lächelt immer und ist stets freundlich; war ja klar, dass sie so etwas sagen würde. Aber doch war etwas Wahres daran. Sie hatte recht: Die Alternative zu einem sorglosen Leben ist eine Grundhaltung von Selbstschutz und zerstörerischem Pessimismus.

Und wer möchte schon gerne so leben?

DIE VERWANDELNDE KRAFT DES STAUNENS

Zynismus steht in unserer Kultur hoch im Kurs, denn wir sind zu dem Schluss gekommen, die Zyniker wüssten etwas, das der Rest von uns nicht weiß. Sie sind auf eine Weise vorbereitet und vorsichtig und wissend, für die wir anderen zu zerstreut sind, um sie zu begreifen. Aber in seinem Kern ist Zynismus gar nicht so großartig. Überhaupt nicht großartig, um ehrlich zu sein.

Hinter dem Zynismus steht immer Angst vor der Zukunft oder Zorn über die Vergangenheit. Wir fürchten uns entweder vor etwas, was vielleicht niemals eintrifft, oder wir projizieren etwas, das bereits geschehen ist, auf alle Tage, die noch vor uns liegen. Wir fallen auf die Lüge herein, es sei zu riskant, verletzlich zu sein oder auf gute Wendungen zu hoffen.

Brené Brown nennt das „vorahnungsvolle Freude". „Mangel und Angst befeuern vorahnungsvolle Freude", schreibt sie in ihrem Buch *Daring Greatly*.

Wir fürchten, das Gefühl der Freude werde nicht anhalten, oder es gebe nicht genug davon, oder der Wechsel zur Enttäuschung (oder was uns sonst bevorsteht) werde zu schwierig. Wir haben gelernt, uns auf die Freude einzulassen, bedeutet im besten Fall, damit die Enttäuschung schon vorprogrammiert zu haben, und im schlimmsten, die Katastrophe heraufzubeschwören.[29]

Die Strategie des Feindes besteht darin, unser Denken mit Visionen von allem, was in dieser Welt schlecht läuft, zu fluten, bis wir nicht mal mehr nach etwas Positivem Ausschau halten. Dann wird Zynismus zum Grundmuster unseres Denkens und wir merken es nicht einmal mehr.

Hier sind ein paar Fragen, mit denen du herausfinden kannst, ob der Zynismus deine Gedankenwelt bereits erobert hat:

- Wirst du ärgerlich, wenn jemand zu optimistisch ist?
- Wenn jemand nett zu dir ist, fragst du dich, was er von dir will?
- Fühlst du dich ständig missverstanden?
- Wenn die Dinge gerade gut laufen, wartest du dann nur darauf, dass etwas schiefgeht?
- Bemerkst du die Fehler der anderen schnell?
- Hast du Angst, ausgenutzt zu werden?
- Bist du vorsichtig, wenn du Menschen neu kennenlernst?
- Fragst du dich öfter, warum die Leute so wenig auf die Reihe kriegen?
- Bist du oft sarkastisch?

Zynismus zerstört unsere Fähigkeit, die Welt, in der wir leben, zu genießen und uns ganz auf andere Menschen einzulassen. Gott hält Freude und Genuss im Übermaß für uns bereit und wir verschränken unsere Arme vor der Brust und schlagen sie aus. Was wäre, wenn es eine andere Weise zu leben gäbe?

Studien, die sich mit Staunen und Schönheit befassten, entdeckten eine interessante Verbindung: Wenn wir eine Erfahrung machen, die uns in ehrfürchtiges Staunen versetzt, wenden wir uns anderen auf positive Weise zu.

Wenn wir überwältigt sind von der Majestät schneebedeckter

Berggipfel oder eine Melodie uns verzaubert, wenn wir schweigend in einer alten Kirche sitzen und das Spiel des Lichts bestaunen, das durch die bunten Glasfenster fällt, oder tiefes Glück empfinden, wenn wir unsere Kinder vor Freude quietschen hören, die durch das Wasser des Rasensprengers laufen – in solchen Augenblicken lassen wir jede „alles-dreht-sich-um-mich"-Fixierung los. Wir sind für einen Moment befreit davon, das Zentrum unserer Welt zu sein, und indem das geschieht, wenden wir uns mehr dem Wohl anderer zu, wir werden großzügiger und erheben weniger Ansprüche.[30]

Hast du das schon mal erlebt? Es ist dieser Moment, wenn dir das Herz aufgeht und sich anfühlt, es könnte gesprengt werden bei dem Versuch aufzunehmen, wie schön etwas ist.

Der Zynismus sagt: „Ich bin umgeben von Inkompetenz, Betrügern und Enttäuschung."

Freude an Gott und an seiner Güte reißt die Mauern ein, die wir um uns errichten, sodass Hoffnung, Vertrauen und Anbetung in uns einströmen können.

✶

Und wie, glaubst du, entsteht das Bedürfnis nach Anbetung in uns? Es entsteht, wenn wir unseren Blick auf die Quelle aller Freude richten – auf Gott – und nicht auf unsere begrenzten Probleme.

Sehen wir uns an, wie Paulus beschreibt, was passiert, wenn wir wie die Israeliten unseren Blick von den Dingen, die vergehen, abwenden und stattdessen auf den ewigen Gott richten:

Aber immer, wenn sie sich Gott zuwenden und ihm begegnen, wie Mose es tat, nimmt Gott das Tuch fort, und da sind sie – von Angesicht zu Angesicht! Sie erkennen plötzlich, dass Gott eine lebendige, persönliche Gegenwart ist, keine aus Stein gemeißelte Skulptur. Und wenn Gott persönlich anwesend ist, ein lebendiger Geist, dann wird die alte, einengende Gesetzgebung als überholt erkannt. Wir sind frei davon! Wir alle! Nichts steht zwischen uns und Gott, unsere Gesichter leuchten vom Glanz seines Angesichts. Und so werden wir verklärt ganz ähnlich wie der Messias, und unser Leben wird allmählich strahlender und schöner, wenn Gott in unser Leben tritt und wir ihm ähnlich werden. (2. Korinther 3,16–18, nach The Message)

Als Mose vom Berg Sinai zurückkam, wo Gott ihn seine Herrlichkeit hatte sehen lassen, leuchtete sein Angesicht. Wenn Gott in unser Leben kommt, wirkt er ähnlich in uns und macht unser Leben „strahlender und schöner."

LÜGE: Auf Menschen kann man sich nicht verlassen und das Leben wird nicht gut gehen.

WAHRHEIT: Auf Gott kann ich mich verlassen und er wird letzten Endes alles zum Besten fügen.

Das eine aber wissen wir: Wer Gott liebt, dem dient alles, was geschieht, zum Guten. Dies gilt für alle, die Gott nach seinem Plan und Willen zum neuen Leben erwählt hat. (Römer 8,28)

Ich entscheide mich für die Freude an Gott und an den Spuren seines Wirkens in der Welt.

WIR HABEN EINE WAHL

GEFÜHL
Scham

FOLGE
Erkannt

GEDANKE
Ich kann meine
Probleme alleine
lösen.

BEZIEHUNGEN
Im Kontakt

VERHALTEN
Mauern bauen

VERHALTEN
Brücken bauen

BEZIEHUNGEN
Isoliert

GEDANKEN
Gott hat mich für ein
Leben geschaffen, in dem
ich erkannt und geliebt
werde.

ICH ENTSCHEIDE MICH
DAFÜR, ERKANNT ZU SEIN.

FOLGEN
Einsam

GEFÜHL
Scham

DER BITTERE GESCHMACK DES ZYNISMUS

Wenn du eine echte Zynikerin bist, nimmst du mir von allem, was ich gesagt habe, kein Wort ab. Und das verstehe ich gut, denn ich bin eine begabte Zynikerin auf dem Weg der Besserung. In den Monaten meiner Zweifel habe ich die Kunst, zynisch zu sein, aufgeschnappt und mit Akribie praktiziert. Wenn es mir gut geht, bin ich eine Cheerleaderin, eine ewige Optimistin, eine leidenschaftliche, von Hoffnung beflügelte Enneagramm-Sieben. Aber der Zynismus, der in diesen Monaten in meinem Herzen Wurzeln schlug, wuchs, geschickt verborgen unter einer Fassade von Coolness, Alles-in-Ordnung-Getue und Stolz. Um ehrlich zu sein, ich konnte kaum sehen, wie es wirklich um mich stand: Ich war zornig, gereizt und ängstlich geworden.

Ein Zyniker ist jemand, der „eine Neigung an den Tag legt, der Ernsthaftigkeit oder Güte menschlicher Motive und Handlungen zu misstrauen".[31] Diese Definition traf ganz sicher auf mich zu, aber sie war bei Weitem nicht umfassend genug. Es kam so weit, dass ich schließlich auch Gott zu misstrauen begann.

In meinem Fall stellte sich der Zynismus als ein massives Bauvorhaben dar – ohne es zu wissen, errichtete ich Mauern um mein Herz. Damals hätte ich nicht sehen können, dass ich der wahren Freude aus dem Weg ging. Es war eher so, dass meine Vorliebe für alles Unbeschwerte und Fröhliche mir vorgaukelte, ich sei ziemlich fröhlich unterwegs.

Aber anstatt dass mein Leben immer *strahlender und schöner* wurde, wie Paulus schreibt, hing der Zynismus wie eine dunkle Wolke über mir. Ich war kritisch, misstrauisch und distanziert.

Zynismus untergräbt unsere Fähigkeit, Gott richtig zu sehen.

Zynismus ist im Tiefsten die Weigerung zu glauben, dass Gott alles im Griff hat und dass Gott gut ist. Zyniker interpretieren die Welt und Gott aufgrund von Verletzungen, die sie erfahren haben, und von Wunden, die noch nicht verheilt sind. Zynismus zwingt uns zu einer horizontalen Perspektive, die die Menschen im Blick hat, anstatt zu einer vertikalen, die Gott im Blick hat.

Was ich damals nicht sehen konnte, war, dass mein Verhalten von Verletzung bestimmt wurde. Ich war so erschöpft von allem – dem Druck, der Verzweiflung, der Suche danach, gesund zu werden –, dass ich beschlossen hatte, wahre Freude sei etwas, was einfach nicht erreichbar ist. Was ich für Freude gehalten hatte, war in Wirklichkeit das Vergnügen chronischer Ablenkung.

Aber dann wurde mein wachsender Zynismus und mein Verletztsein abrupt gestört, als ich es am wenigsten erwartete.

Ich habe schon meinen Freund Curt Thompson erwähnt, der sich neulich die Zeit genommen hat, einige von uns an einigen Einkehrtagen meines Leitungsteams zu begleiten. Während einer unserer Gruppengespräche verbreitete ich eine nicht ganz so positive Atmosphäre – zumindest sagte Curt mir das später. Meine leicht hochgezogenen Augenbrauen, die vor der Brust verschränkten Arme – alles an meiner Körperhaltung drückte für Curt vier kurze Worte aus. Lass. Mich. In. Ruhe.

Ich hatte zwar bereits viel an Heilung erfahren, aber ich war nicht in der Stimmung für aufdringliche Fragen. Ich wollte nur mit meinen Freundinnen Käse essen und alle anderen auf für mich sichere Distanz halten.

Immer wieder unterbrach Curt unsere Gespräche, in denen er Informationen über unsere Gedankenwelt, unsere Herzensanliegen und unsere bisherigen Lebenserfahrungen aus uns herauskitzelte mit der Frage an die eine oder andere Teilnehmerin: „Wie fühlst du dich jetzt gerade?"

Das störte mich nicht, solange die Frage nicht an mich ging. Also gab ich die Coole und vermied jeden Blickkontakt. Doch irgendwann am ersten Tag wagte Curt es, *die Bärin zu reizen*. Gegen Ende einer Gruppensitzung und nach ein paar Minuten der Stille sah Curt mich an und fragte: „Und wie fühlst du dich gerade?"

Ich starrte ihn eine Sekunde lang an, dann setzte ich ein Lächeln auf, zuckte die Schultern und sagte: „Gut."

Wer, glaubte ich, dass ich war? Hier war ein brillanter Mann, dessen Arbeit ich sehr schätze. Wir konnten uns glücklich schätzen, ihn als Referenten dabeizuhaben. Und ich wollte ihn mit einem „Gut" abspeisen?

Das gesamte Wochenende über kam ich mit meiner Strategie gut durch: Je weniger ich mich beteiligte, umso weniger schien Curt mich anzusprechen. Aber als ich gerade glaubte, ich könnte dieser gemeinsamen Zeit entkommen, ohne etwas sehr Hässliches auszuplaudern, durchbrach etwas gänzlich Unerwartetes meine zynische Fassade.

Bevor ich das im Einzelnen beschreibe, sollte ich erwähnen, dass Zynismus gewöhnlich in uns wächst, weil wir meinen, wir verdienten etwas Besseres als das, was wir kriegen. Im Kern unseres Zynismus liegt eine Verletztheit, die uns lähmt. Der Zynismus sagt uns, man kann niemandem trauen, wir sind niemals sicher.

Mein eigener Zynismus während dieser Einkehrtage wurde von einem peinlichen Gedanken angestoßen. (Ich kann fast nicht glauben, dass ich das jetzt gleich erzählen werde.)

Die tiefe, dunkle geistliche Abwärtsspirale lag hinter mir, ich wachte nicht mehr jede Nacht um drei Uhr auf, aber ich war immer noch gegenüber Gott ein wenig bitter. Und zwar aus folgendem Grund: Ich hätte das niemals laut ausgesprochen, aber ich hatte immer mit dem wunderbaren Vertrauen gelebt, dass Gott mich mochte. Dass ich zu seinen Lieblingskindern gehörte. Ich weiß nicht, ob Gott Lieblingskinder hat, aber ich lebte einfach gern in der Vorstellung, dass er mir besonders zugetan war.

Die dunkle Spirale des Zweifels hinterließ in mir jedoch die Angst, er könne mich vielleicht aus Versehen in irgendeinen Abgrund fallen lassen wie die Rechnung, die du eigentlich bezahlen solltest, die aber zwischen Schreibtisch und Wand verschwand. Ich fühlte mich, als sei ich in so einen Spalt gefallen und Gott hatte es entweder nicht bemerkt oder es hatte ihm nichts daran gelegen, mich zu retten. Ich fühlte mich von Gott verletzt.

Meine Angst hatte einer Schutzschicht aus Zynismus Platz gemacht, die nicht nur mögliche weitere Verletzungen von mir fernhielt, sondern auch das Potenzial für Freude.

Schauen wir uns noch einmal an, was Paulus in Philipper 4 schreibt:

Freut euch zu jeder Zeit, dass ihr zum Herrn gehört. Und noch einmal will ich es sagen: Freut euch! Alle Menschen sollen eure Güte und Freundlichkeit erfahren. Der Herr kommt bald! Macht euch keine Sorgen! Ihr dürft in jeder Lage zu Gott beten. Sagt ihm, was euch fehlt, und dankt ihm! Dann wird Gottes Friede, der all unser Verstehen übersteigt, eure Herzen und Gedanken bewahren, weil ihr mit Jesus Christus verbunden seid.

Schließlich, meine lieben Brüder und Schwestern, orientiert euch an dem, was wahrhaftig, vorbildlich und gerecht, was redlich und liebenswert ist und einen guten Ruf hat. Beschäftigt euch mit den Dingen, die auch bei euren Mitmenschen als Tugend gelten und Lob verdienen. Haltet an der Botschaft fest, die ihr von mir gehört und angenommen habt. Richtet euch nach dem, was ich euch gelehrt habe, und lebt nach meinem Vorbild. Dann wird Gott, von dem aller Friede kommt, bei euch sein. (Philipper 4,4–9)

Ja, ich hatte gewissenhaft bestimmte Katastrophenszenarien aus meiner Gedankenwelt verbannt, aber solange ich nicht dafür sorgte, dass stattdessen ein besseres Denken Einzug hielt und blieb, würde ich mich weiterhin in schrecklichen Gedanken verfangen. Hier in Philipper 4 stand etwas, von dem ich wusste, ich sollte es nicht überlesen. In meiner Zeit mit Curt hatte ich den Eindruck, Paulus wolle mir sagen: „Sieh mal. Du kannst versuchen, dein Herz und deine Gedanken aus eigener Kraft zu bewahren, oder du kannst diese Bewahrung Gott überlassen."

Meine Art, mein Herz zu bewahren, bestand offensichtlich aus meterhohen Wänden und einer Vorliebe für „Gut", um mein Verletztsein und meinen wachsenden Zorn auf Gott und auf andere zu kaschieren.

„Wie geht es dir, Jennie??

„Gut! Könnte nicht besser sein."

„Und jetzt? Immer noch gut?"

„Besser als gut … ehrlich! Aber reden wir jetzt mal von dir."

Gott hatte einen besseren Weg. Und sein Weg sollte mir Frieden schenken.

Oder jedenfalls war das meine Lesart dessen, was Paulus hier schrieb. Wenn ich mich darin üben würde, meine Gedanken auf das zu richten, was wahrhaftig, vorbildlich und gerecht und alles sonst noch Genannte war, würde ich den Frieden Gottes im Herzen spüren.

Und ich wollte diesen Frieden wirklich – ganz ehrlich.

Warum war ich dann immer noch so zynisch?

ÜBERRASCHT VON SCHÖNHEIT

Als ich zum ersten Mal ein professionelles Musical sah, war ich Anfang 20 und gerade frisch verheiratet. Eine Broadway-Truppe war auf Tournee und auf der kleinen Bühne von *Little Rock* wurde *Les Misérables* aufgeführt. Ich war bei Schultheateraufführungen gewesen, und ich weiß noch, dass ich dachte: So viel anders kann das auch nicht sein, oder?

Wie sich herausstellte, war es sehr viel anders.

Zac und ich hatten gerade erst das College abgeschlossen und wir hatten nicht viel Geld, aber wir kratzten genug zusammen, um die billigsten Karten zu kaufen.

Die kleine Cosette, die von einem besseren Leben träumt, sang „In meinem Schloss" und Éponine, die unsterblich verliebt ist in Marius, der leider nicht unsterblich in sie verliebt ist, sang „Ganz allein" und die gesamte Besetzung, so kam es mir vor, sang „Noch ein Tag" – und während der gesamten Aufführung hing ich über dem Geländer, das mich vom Orchestergraben trennte, und versuchte vergeblich, alles zu erfassen, was ich sah: die Drehbühne mit fantastischen Kulissen, die bezaubernden Kostüme, die Lieder mit Sätzen, die mir die Tränen in die Augen trieben. Ich saß da völlig verzaubert, als hätte ich noch nie im Leben ein Musical gesehen, weil mir an diesem Abend klar wurde, dass ich tatsächlich noch nie eines gesehen hatte.

Schönheit weckt uns auf und startet unser Herz ganz neu. Schönheit ist Gottes Beweis dafür, dass etwas viel Wunderbareres auf uns zukommt, eine Welt jenseits dessen, was wir uns selbst in den großartigsten Augenblicken vorstellen können. Ein Gott, der besser ist, als wir zu hoffen wagen. Ein Gott, der uns überwältigt.

Aus dieser und tausend anderen Begegnungen mit etwas, das exzellent, wundervoll und wahr ist, gehen wir anders heraus als vorher. Wir sind beeindruckt und betroffen. Ich glaube, darauf weist Paulus hin, wenn er uns empfiehlt, worauf wir unsere Gedanken richten sollen.

Gutes geschieht, wenn wir unsere Aufmerksamkeit auf alles richten, was schön ist, auf das, was authentisch und faszinierend und gut ist. Es geht dabei nicht nur um die offensichtliche emotionale Erfahrung, vielmehr verweisen diese guten Dinge aus der Hand Gottes auf den, der Schönheit erschafft und selbst Schönheit ist.

Zynismus lenkt unsere Gedanken auf die Dinge dieser Welt und wir verlieren die Hoffnung. Schönheit zieht unseren Blick himmelwärts und erinnert uns an unsere Hoffnung.

Angesichts von Schönheit fällt der Zynismus in sich zusammen.

Pastor John Piper erwähnt in einem seiner Bücher seinen ehemaligen Professor Clyde Kilby und dessen zehn Vorsätze für geistige Gesundheit. Vorsatz Nummer sechs lautet: „Ich will Augen und Ohren offen halten. Einmal am Tag werde ich einfach einen Baum betrachten, eine Blume, eine Wolke oder einen Menschen. Dann wird mir nichts daran liegen zu fragen, was sie sind, sondern ich werde einfach froh sein, dass es sie gibt."[32]

Als ich diese Worte zum ersten Mal las, musste ich an mein drittes Jahr im College denken. Ich leitete einen Bibelstudienkreis für Studentinnen im zweiten Jahr. An einem dieser Abende erschien ich bestens vorbereitet auf die gemeinsame Betrachtung eines Bibelabschnitts. Aber als alle da waren, war mir klar, dass ich meinen Plan ändern musste. Die Mädels, die da neben mir im Kreis saßen, waren nicht in der Verfassung für das, was ich vorbereitet hatte. Ohne ein Wort zu sagen, lief ich aus dem Haus, pflückte ein Blatt vom nächsten Baum, lief zurück und setzte mich wieder.

„Mädels", sagte ich, „gebt dieses Blatt herum und seht es euch genau an. Betrachtet die Kante, die Adern, die Linien. Betrachtet die Farbe. Jedes Detail. Seht euch die Form an, die Konturen, den Stiel."

Zugegebenermaßen, es war sehr schlichter Anschauungsunterricht. Aber weißt du, was? Er blieb haften. Gott hatte sich sehr viel Mühe gegeben, um dieses einzelne Blatt zu formen; hatte er nicht viel mehr Planung und Sorge in das Leben einer jeden von uns investiert? Wir waren nicht allein. Wir waren kein Zufallsprodukt. Unsere Situation war Gott nicht verborgen. Was immer uns schwer zu schaffen machte, Gott würde uns die Last mit Freuden abnehmen.

Denk an einen Pfau. Die Farben und Details, die so unnötig prächtig sind. Wer außer Gott würde so etwas schaffen?

Oder an eine Symphonie, die anschwillt, bis wir es kaum mehr ertragen. Wenn ich so etwas höre, richte ich mich unwillkürlich auf und hebe mein Gesicht dem Himmel entgegen.

Oder sieh dir dieses Video von dem Mann an, der nach dem Hurrikan Harvey in seinem Wohnzimmer Klavier spielt, während er knietief im Wasser steht.[33]

Oder die Muster von Blütenblättern – drei bei Lilien, fünf bei Butterblumen, 21 bei der Wegwarte, 34 bei Gänseblümchen. Das ergibt sich nicht einfach so, weißt du? Gott hat sich das ausgedacht und sie alle so gemacht.

Oder die perfekten Wendelspiralen – in einem Hurrikan ebenso wie in einer Muschelschnecke. Oder die geordneten Flugrouten der Vögel. Oder wie unsere Ellbogen und Finger und Zehen gestaltet sind. Wohin wir auch sehen, finden wir es, wenn wir Augen haben zu sehen.

So viel Absicht.
So viel Kunstfertigkeit.
So unglaubliche Funktionalität.
So viel Schönheit.
Ein solcher Beweis.

Die Wissenschaft fragt sich, ob das alles bloßer Zufall ist. Ich weiß es besser. Und du vermutlich auch. „Der Himmel verkündet Gottes Hoheit und Macht, das Firmament bezeugt seine großen Schöpfungstaten", erklärt der Psalmist (Psalm 19,2). Alles Gute ist nicht nur dazu da, dass wir es genießen; es soll uns auf Gott hinweisen.

An jenem Tag während unserer Einkehrtage durchbrach Gott meine verschränkten Arme und meine „Alles gut, was willst du"-Miene. Und das ausgerechnet mit einem Essay. Einem schlichten, wunderschönen Essay über das Chaos unerwarteter Schwierigkeiten. „Willkommen in Holland" behandelt die Frage, wie es ist, wenn man erfahren muss, dass das eigene Kind behindert ist. Aber die Wahrheit, die in der Erzählung steckt, gilt für so viele Situationen.

ICH ENTSCHEIDE MICH
FÜR DIE FREUDE.

Meine Freundin Mica gab die Geschichte aus der Erinnerung wieder, und sie durchschlug meine sorgfältig hochgezogenen Schutzwälle.

Die Autorin[34] vergleicht die Situation mit einer Reiseerfahrung. Da plant man eine wunderbare Reise nach Italien, kauft Reiseführer und arbeitet die Reiseroute aus. Aber als man aus dem Flugzeug steigt, ist man in Holland gelandet. Holland ist nicht schlecht, aber alle anderen erleben jetzt diesen Traumurlaub in Italien, und du sitzt hier in Holland fest, mutterseelenallein und ohne Plan.

Und ich musste weinen, denn ich war allein in Holland gewesen und wollte wissen, warum Gott das ganz in Ordnung zu finden schien. Warum setzte er mich Plänen aus, die ich nicht gemacht hatte und nicht wollte, ohne mich zu fragen? Warum hatte er mich in diesen dunklen Spalt rutschen und dort stecken lassen?

Das laut auszusprechen zeigte mir die Verletzung, von der ich selbst nicht wusste, dass ich sie spürte – und besänftigte zugleich den Schmerz.

Die Dinge, auf die wir nach der Empfehlung von Paulus unsere Gedanken richten sollen – alles Schöne und Rechtschaffene und Vorzügliche –, sie sind das, was ein zweifelndes Herz besänftigt und eine chaotische Gedankenwelt zur Vernunft bringt.

Ein ganzes Wochenende mit einigen meiner Lieblingsmenschen und einem begabten Seelsorger, alles, um uns aus der Reserve zu locken – und dann benutzte Gott einen Essay, um meine eng verschränkten Arme zu lösen.

Schönheit ist der Beweis für etwas jenseits von uns selbst. Schönheit ist der Beweis einer Welt, die noch kommt.
Schönheit ist der Beweis für einen liebenden und absolut hinreißenden Schöpfer.
Schönheit strömt in uns ein und unterbricht uns, wenn wir uns anstelle von Zynismus für Vertrauen entscheiden.

UNSERE MAUERN EINREISSEN

Michiel van Elk, Wissenschaftler an der Universität von Amsterdam, hat kürzlich mithilfe von MRT-Aufnahmen des Gehirns dargelegt, wie Gefühle von Ehrfurcht und Staunen unsere Selbstbezogenheit verblassen lassen. Wenn wir von etwas ergriffen sind, nimmt unsere Selbstfixierung ab, und wir konzentrieren uns mehr auf andere und unsere Beziehungen zu ihnen.[35]

Wenn wir ergriffen sind, beten wir an. Und Zynismus und Anbetung können nicht zusammen existieren.

Ich denke daran, wie zynisch ich geworden war, wie mein hinter verschränkten Armen verschanztes Selbst sich einfach nicht entscheiden wollte, zu vertrauen. Ich wollte gar nicht, dass mich jemand da herausholte – und das ist natürlich genau das Problem. Zynismus ist eine besonders mächtige Waffe in der Hand des Feindes, denn wenn sie uns trifft, sehen wir nicht mehr, dass wir Hilfe brauchen.

Wir glauben, es ist doch alles gut, vielen Dank.

Und die Wahrheit? Gerade dann brauchen wir Jesus unbedingt.

Bruno Mars hat vor Jahren einen Lovesong veröffentlicht, in dem es heißt: „Für dich würd' ich eine Handgranate fangen … mich vor den Zug werfen für dich."[36] Der Song hatte zwar eine eingängige Melodie, aber offen gesagt glaube ich nicht, dass Bruno Mars das wirklich für dich tun würde, oder?

Aber rate, wer es täte?

Wer es getan hat?

Jesus, der Sohn Gottes. Er hat das größte Opfer auf sich genommen, um unsere coole „Ich-komme-schon-allein-zurecht"-Fassade, unseren Verstand und unsere Scham und unseren Zweifel zu durchbrechen. Er kam in unsere Wirklichkeit und schlug uns in Bann mit einer Geschichte, von der wir unbedingt wollten, dass sie wahr ist.

*

Vor ein paar Monaten war ich unterwegs zu einem Vortrag, als sich bei uns zu Hause eine kleine Krise anbahnte. Meine kleine Tochter Caroline hatte sich versehentlich im Badezimmer eingeschlossen und konnte die Tür nicht mehr öffnen. Unser Haus in *Dallas* ist fast 100 Jahre alt – die Fensterrahmen sind mit unzähligen Farbschichten bedeckt, die Fußböden sind nicht vollkommen eben und die Türklinken fallen schon mal raus. Und genau das war auf der Innenseite der Badezimmertür passiert, sodass Caroline im Bad eingeschlossen war.

Zac hatte mich zu meinem Vortrag begleitet und reagierte nun hektisch auf SMS-Botschaften, zunächst von Caroline und dann von unserem Sohn Conner, der ein paar Meilen entfernt im College wohnte, aber glücklicherweise vorbeigekommen war, um ein paar Sachen zu holen. Etwa zwei Stunden nach diesen Textbotschaften sollte ich erfahren, was passiert war, und ich lachte, bis mir die Tränen kamen.

Zac an alle Allen-Kinder außer Caroline: „Hallo, Leute, ihr müsst Caro retten, die im Bad eingeschlossen ist."
Zac an Caroline: „Caroline, bist du draußen?"
Conner an Zac: „Das sieht schlimm aus."
Zac an Conner: „Mom ist gerade auf der Bühne."
Conner an Zac: „Kann ich die Tür eintreten?"
Conner, ein paar Sekunden später, an Zac: „Es gibt gerade keine andere Lösung und ich muss zurück ans College."
Conner, jetzt absolut entschlossen, an Zac: „Was anderes funktioniert nicht."
Conner zu Zac: (schickt ein Selfie, auf dem er seine Highschool-Football-Ausrüstung mit dicken Schulterpolstern trägt)
Conner zu Zac: „Ich trete jetzt die Tür ein."
Zac an Conner: „Nein."
Conner an Zac: „Ich hab die Schulterpolster an – kann ich sie nicht einfach rausholen – was anderes funktioniert wirklich nicht."

Zac an Conner: „Nein!"
Kate an Zac und Conner: „Ich bin sofort da."
Zac an alle Kinder: „Caroline, warte bitte, bis Mom mit ihrem
Vortrag fertig ist, dann rufe ich dich an."
Zac an Caroline: „Mach inzwischen einfach das, was du sonst
im Bad machst, dann solltest du ein paar Stunden beschäftigt
sein."

Conners Gesichtsausdruck in dem Selfie ist eine Mischung aus wilder Entschlossenheit, Pflichtbewusstsein und Sorge á la „Caroline, ich rette dich!"

Und, liebe Freundinnen, das ist das Bild vor meinem inneren Auge, wenn ich daran denke, wie ihr gegen alle möglichen Dunkelheiten kämpft und euch aus euren Negativspiralen befreit …

Jesus kam für uns – für dich und mich, die wir mit verschränkten Armen dastehen. Für uns bittere, launenhafte, unsichere, zweifelnde, zynische, negative Gestalten.

Ich weiß, ich sagte, der entscheidende Gedanke, der alle anderen umpolt, lautet: *Ich habe eine Wahl.*

Und es gibt einen Grund, warum das wahr ist. Es ist wahr, weil Jesus auch eine Wahl getroffen hat – er wählte uns.

Es ist wahr, weil er die Tür eingerammt und uns in seiner Schönheit und seiner Freundlichkeit gerettet hat. Er hat die Schulterpolster angelegt und uns gerettet. Und deshalb sind wir nicht länger zynisch und rechnen mit dem Schlimmsten.

Denn er hat uns eine Ewigkeit versprochen, die besser ist als alles, was wir uns vorstellen können.

WARUM HÖRT NIE JEMAND
AUF MICH?

ABER ICH WAR IM RECHT!

ICH BIN DIR DOCH VÖLLIG EGAL.

ICH WERDE BEWEISEN,
DASS SIE FALSCHLIEGEN.

NICHTS DAVON IST MEIN FEHLER!

INTERESSIERT ES EIGENTLICH
NIEMANDEN, WAS ICH BRAUCHE?

ICH HAB DAS HIER IM GRIFF.

NICHT SO WICHTIG

Ich entscheide mich dafür,
Gott und anderen Menschen zu dienen

Vor Kurzem habe ich eine Kollegin bei *IF:Gathering* angeblafft. Was das Ganze noch schlimmer machte, war, dass es eine neue Kollegin war, die mich noch nicht kannte und daher nicht wissen konnte, dass ich normalerweise kein schroffer Mensch bin. Am schlimmsten an all dem war: Ich habe mich nicht entschuldigt. Jedenfalls nicht gleich.

Ich werde nicht ins Detail gehen, was meine – sagen wir recht *leidenschaftliche* – Reaktion provoziert hatte. Aber ich reagierte mit so viel Erregung, Temperament und Nachdruck, dass sie komplett zumachte. Und ich sah, dass sie zumachte. Nur ein Schwachsinniger hätte das nicht bemerkt. Aber habe ich die Situation gerettet und mich entschuldigt? Habe ich nicht. Ich habe einfach im Tagesplan weitergemacht.

Als ich am Nachmittag aus dem Büro nach Hause kam, dachte ich daran, sie anzurufen, um mich zu entschuldigen. Aber dann nahmen meine Gedanken eine andere Wendung, und zwar in Richtung Selbstrechtfertigung: *Sicher war das für sie keine große Sache. Sie hat es wahrscheinlich längst vergessen. Wenn ich jetzt anrufe und die Sache noch einmal zur Sprache bringe, wecke ich vermutlich nur schlafende Hunde.*

Ich dachte daran, wie gerechtfertigt meine Reaktion doch gewesen war, schließlich war ihre Sicht der Dinge wirklich abwegig gewesen. Ich dachte auch daran, dass ich müde und hungrig gewesen war, da war das doch sicher verzeihlich. Ja, schließlich war ich sicher: Wenn sie gewusst hätte, unter welchem Stress ich gerade stand, hätte sie mir sicher sofort verziehen.

Also verzieh ich mir selbst.

Hätte ich nur ein wenig genauer hingeschaut, dann hätte ich die Lüge hinter meinem Verhalten entdeckt: die Lüge, mein Selbstwertgefühl sei ein verlässliches Instrument, um gut durchs Leben zu kommen.

Vielleicht kannst du das nachvollziehen? Wir vergleichen, rechtfertigen und verurteilen und verbringen aberwitzig viel Zeit damit, über unsere Identität und unseren Platz in der Welt nachzudenken. Vielleicht ist das der Grund, warum der Apostel Paulus uns warnt, nicht höher von uns zu denken, als wir sollten. Stattdessen sollen wir „ehrlich und bescheiden bleiben im Urteil über [uns] selbst" und „gegenseitige Achtung soll [unser] Zusammenleben bestimmen" (Römer 12, 3.10).

Aber eine solche Lebenshaltung zu entwickeln setzt voraus, dass wir bewusst und wiederholt den natürlichen Lauf unserer Gedanken unterbrechen.

Einer meiner Lieblingsautoren über das Leben in der Nachfolge von Jesus ist der Pastor Andrew Murray. Er lebte im 19. Jahrhundert und hat zahlreiche Schriften hinterlassen. Eines seiner bekanntesten Bücher widmet sich dem Thema der Demut – es trägt sogar den Titel *Demut*. Wirkt nicht sehr einfallsreich, aber manchmal ist das Einfache das Beste.

Murray schreibt darin ausführlich über die Nuancen einer Haltung, die „andere höher achtet als sich selbst". Er spricht in den höchsten Tönen von der Demut als „Teilhabe an Jesu Leben selbst", als „Stellung völliger Abhängigkeit von Gott", „Nährboden der

Gnade" und „Disposition, die die Seele darauf vorbereitet, aus Vertrauen zu leben"; er nennt sie „unser Heil" und „unseren Retter".[37]

Unter anderem schreibt er Folgendes: „Die Frage ist oft aufgeworfen worden, wie wir einer den anderen höher achten können als uns selbst, wenn wir sehen, dass andere in Weisheit und Heiligung, in natürlichen Anlagen oder in empfangenen Gnadengaben weit unter uns stehen."[38]

Seht ihr, das ist das, was ich an Andrew Murray so liebe. Er wusste sehr gut, wie unser Denken gegen uns arbeitet, und er hatte den Mut, unsere tatsächlichen Gedanken in Worte zu fassen!

Der Stolz sagt: „Der andere ist derjenige, der hier falschliegt. Es war nur ihre Überreaktion, die diesen Schlamassel verursacht hat. So schlimm bin ich nun auch nicht."

Mein Gedanke im Blick auf meine Unfreundlichkeit gegenüber meiner Kollegin war: Wahrscheinlich war das für sie keine große Sache.

Ihr ahnt vermutlich schon, worauf diese Geschichte hinausläuft.

Während der nächsten 24 Stunden kam mir immer wieder eine Bibelstelle in den Sinn. Wenn mein Mundwerk mich in Schwierigkeiten bringt, denke ich öfter an diesen Abschnitt aus 1. Petrus 2. Im Kontext geht es darum, wie wir als von Gott auserwählte Menschen leben sollten, und die Antwort in Kurzfassung lautet: Wir sollen dem Beispiel von Jesus folgen. Ich vermute, das wusstet ihr schon!

Aber hier wird es kompliziert, zumindest für mich. Jesus kam vom Himmel auf die Erde und lebte als Mensch unter uns – er lebte ein makelloses Leben und Gott erklärte ihn als ohne Sünde. Das schließt auch seine heftige Auseinandersetzung mit den Religionsvertretern ein, die am Ende beschlossen, dass er an einem römischen Kreuz sterben sollte. Und das geschah einem Menschen, über den Vers 22 sagt: „Er hat sein Leben lang keine Sünde getan; nie kam ein betrügerisches Wort über seine Lippen."

Jesus sah sich mächtigen Männern gegenüber, die über die Macht verfügten, ihn in den Tod zu schicken. Sie befragten ihn – schmähten ihn, wie der Text sagt – und forderten ihn auf, sich zu verteidigen. Jesus stand vor einer wesentlichen Entscheidung: Wie sollte er antworten?

Die Antwort in Vers 23 überführt mich jedes Mal aufs Neue. „Beschimpfungen ertrug er, ohne mit Vergeltung zu drohen, gegen Misshandlungen wehrte er sich nicht; lieber vertraute er sein Leben Gott an, der ein gerechter Richter ist."

Uuups.

Jesus hat nie etwas Falsches getan; und als er fälschlich beschuldigt wurde, schwieg er. Meine Kollegin hat, also sagen wir mal, sie hat sich falsch ausgedrückt… und ich habe sie angefahren?

DER WEG DER DEMUT

Mehrere Kapitel lang reden wir nun schon über die verschiedenen Wahlmöglichkeiten, die wir haben, wenn wir mit ungesunden Denkmustern konfrontiert sind, darüber, dass wir uns entscheiden können, andere Gedanken zu denken, Gedanken, die den Geist Christi widerspiegeln.

Wenn wir zum Beispiel versucht sind, uns durch Geschäftigkeit davon abzulenken, uns einer Wahrheit zu stellen, können wir stattdessen beschließen, in der Gegenwart Gottes in die Stille zu gehen.

Wenn unsere Gedanken beherrscht sind von Sorge, Zweifel und Ängsten, können wir uns entscheiden, uns an die Wahrheit über Gott zu erinnern.

Wir können an seine Nähe denken.

Wir können an seine Güte denken.

Wir können daran denken, dass er uns versorgt.

Wir können an seine Liebe denken.

Wenn wir versucht sind zu glauben, wir seien mutterseelenallein in der Welt, können wir uns stattdessen für den Gedanken entscheiden: Der Geist Gottes wohnt in mir und deshalb bin ich nie allein. Es gibt Menschen, die mich lieben, die gern mit mir zusammen sind. Ich könnte mich an sie wenden, anstatt hier in meinem Loch sitzen zu bleiben.

Wenn wir versucht sind, zynische Gedanken zu denken – dass das Leben keinen Wert hat, dass alle unsere Anstrengungen ins Leere laufen, dass letzten Endes alles egal ist, dass man niemandem trauen kann –, können wir uns stattdessen für die Welt öffnen, die uns umgibt, unsere Freude an Gott selbst finden und an allem, was er für uns getan hat.

Das alles sind Entscheidungen, die wir treffen können, um unsere Denkmuster neu zu konfigurieren, und die uns helfen, zu dem Menschen zu werden, der wir sein möchten.

Das bringt uns zu unserer fünften Waffe, mit der wir schädliche Denkstrukturen umformen können: *Demut*. Ein Feind unseres Denkens, der in unserer Generation besonders wütet, ist die aufgeblasene Sicht auf uns selbst, die uns überall verabreicht wird: in den sozialen Medien, in den Serien und Filmen, die wir sehen, selbst in den Ratgebern, die wir lesen. Man füttert uns unablässig mit der Botschaft, wie wichtig wir wären, wie sehr es auf uns ankäme, und wir glauben dem Lügner jedes Wort.

Wir können uns aber für etwas anderes entscheiden.

Wenn der Feind versucht, uns dazu zu bringen, von der Frucht der eigenen Wichtigkeit zu kosten und „sein zu wollen wie Gott" (1. Mose 3,5), können wir stattdessen ganz bewusst unser Kreuz auf uns nehmen und Jesus nachfolgen, weil wir wissen, dass unsere Identität allein in ihm verankert ist.

Aber alle Kräfte unserer menschlichen Natur werden sich dagegen wehren.

LÜGE: Je mehr Selbstbewusstsein ich habe, umso besser wird mein Leben verlaufen.

WAHRHEIT: Je mehr ich Gott und andere über mich selbst stelle, umso mehr Freude werde ich erleben.

Nehmt euch Jesus Christus zum Vorbild:
Obwohl er in jeder Hinsicht Gott gleich war,
hielt er nicht selbstsüchtig daran fest, wie Gott zu sein.
Nein, er verzichtete darauf und wurde einem Sklaven gleich:
Er wurde wie jeder andere Mensch geboren
und war in allem ein Mensch wie wir.
Er erniedrigte sich selbst noch tiefer
und war Gott gehorsam bis zum Tod,
ja, bis zum schändlichen Tod am Kreuz. (Philipper 2,5–8)

Ich entscheide mich dafür, vor allem Gott und anderen Menschen zu dienen und nicht zuerst mir selbst.

Neulich habe ich auf Instagram ein Zitat gepostet:

Demut ist vollkommene Ruhe des Herzens … Sie besteht darin, nichts zu erwarten und sich über nichts zu wundern, was mir angetan wird, das Empfinden, dass mir nichts angetan wird. Sie besteht darin, zufrieden zu sein, wenn niemand mich lobt oder wenn ich getadelt oder verachet werde. Sie besteht darin, eine selige Wohnstatt beim Herrn zu haben, in die ich gehen und die Tür schließen und im Verborgenen vor meinem Vater knien kann, und im Frieden zu sein wie in einem tiefen Meer aus Ruhe, wenn um mich herum alles in Aufruhr ist.

GEFÜHL

Zorn

GEDANKE

Ich bin besser
als andere.

VERHALTEN

Selbst-
inszenierung und
Selbstschutz

BEZIEHUNGEN

Leer und
vernachlässigt

FOLGEN

Gefühl, nicht gekannt
und geliebt zu sein

FOLGE

Selbstloser
Einsatz für
andere

BEZIEHUNGEN

Großzügig und
voll Freude

VERHALTEN

Sich hinter andere
stellen und sie
schützen

GEDANKEN

Je mehr ich Gott und
andere über mich selbst
stelle, umso mehr Freude
werde ich erleben.

ICH ENTSCHEIDE MICH DAFÜR, GOTT UND ANDEREN MENSCHEN ZU DIENEN.

GEFÜHL

Zorn

Die Reaktionen darauf waren folgende:

„Wow. Das ist schwierig."

„Das hört man selten."

„Autsch. Das tut weh."

Demut läuft den Wegen der Welt absolut zuwider. Unsere stets kreisenden Gedanken können kaum fassen, wie es ist, im Frieden zu sein, anstatt nach Beifall zu heischen.

Aber das Interessante ist: Wir wurden nicht dazu geschaffen, im Zentrum unserer eigenen Welt zu stehen.

Selbstüberschätzung kann diese wunderbaren Spiegelneuronen irritieren, von denen ich weiter vorne gesprochen habe. Weißt du noch, wozu sie da sind? Sie helfen uns, Empathie mit anderen zu empfinden und uns auf einer ganz unmittelbaren *Bauchgefühls*-Ebene miteinander zu verbinden. Wenn wir aber vollgestopft sind mit Gedanken daran, wie wichtig wir sind, nehmen unsere Spiegelneuronen Schaden. Das ist der Grund, warum es mir in meiner Spirale der Selbstüberschätzung nicht möglich war, die Sicht meiner Kollegin wirklich zu verstehen.[39]

ETWAS NICHT GANZ SO GROSSARTIGES

Der Apostel Paulus war ein lebendes Beispiel dafür, wie man inneren Frieden auch dann bewahrt, wenn man getadelt oder verachtet wird. In Gefangenschaft – höchstwahrscheinlich war es eine Art Hausarrest – und in der Ungewissheit, ob man ihn hinrichten würde, spricht er davon, dass es ihm ein Herzensanliegen ist, sich zu freuen, Gott zu preisen und das Evangelium zu verkünden, wo immer er wäre. „Seit ich Christus kenne, ist für mich alles wertlos, was ich früher für so wichtig gehalten habe", schreibt er.

Denn das ist mir klar geworden: Gegenüber dem unvergleichlichen Gewinn, dass Jesus Christus mein Herr ist, hat alles andere seinen Wert verloren. Um seinetwillen habe ich das alles hinter mir gelassen; es ist für mich nur noch Dreck, wenn ich bloß Christus habe. Mit ihm möchte ich um jeden Preis verbunden sein. Deshalb versuche ich jetzt nicht mehr, durch meine eigene Leistung und durch das genaue Befolgen des Gesetzes vor Gott zu bestehen. Was zählt, ist, dass ich durch den Glauben an Christus von Gott angenommen werde. Darauf will ich vertrauen. Um Christus allein geht es mir. Ihn will ich immer besser kennenlernen: Ich will die Kraft seiner Auferstehung erfahren, aber auch seine Leiden möchte ich mit ihm teilen und mein Leben ganz für Gott aufgeben, so wie es Jesus am Kreuz getan hat. Dann werde ich auch mit allen, die an Christus glauben, von den Toten auferstehen. (Philipper 3,7–11)

Paulus besaß eine unglaubliche Gleichgültigkeit gegenüber seinen Verlusten ebenso wie gegenüber seinen Leistungen. Die Dinge, die der Rest der Welt als überaus wichtig erachtete, waren ihm egal. Sogar sich selbst gegenüber war er gleichgültig. Es war ihm egal, was mit ihm geschah, wenn er nur Jesus besser kennenlernen konnte. Wirklich, was ist mit den Dingen, die für den Rest von uns so wichtig sind?

„Dreck", sagt Paulus darüber.

Ich finde diese Einsichten von Paulus atemberaubend, ganz besonders in unserer Zeit. Wenn ich sagen sollte, was in der Gedankenwelt unserer Kultur des 21. Jahrhunderts am schädlichsten ist, würde ich sagen, es ist unser nie endendes Streben danach, großartig zu sein. Wir verwenden sehr viel Anstrengung darauf, wahrgenommen zu werden, erfolgreich, cleverer, stärker, dünner ... zu werden. Wir wollen großartig sein. Es ist so großartig, großartig zu sein.

Wir wollen großartig sein – *bestens ausgebildet und erfolgreich.* Natürlich finden wir dafür akzeptablere Begriffe: Wir wollen „*etwas Großes für das Reich Gottes leisten* oder *den Namen Gottes groß machen.* Aber irgendwie passiert es dann, dass nicht mehr Gott im Zentrum unseres Denkens steht, sondern wir selbst – wie wir unsere Ziele erreichen, unsere Träume verwirklichen, unseren Einfluss vergrößern und uns selbst auf die Erfolgsschiene bringen können.

✶

Ich möchte eine kleine Geschichte erzählen. Solange ich sie kenne, hat meine Freundin Heather darauf gebrannt, ihre Begabung für das Schreiben und Unterrichten einzusetzen. Aber sie tut es nicht! Obwohl so viele Menschen sie dazu ermutigen, weil sie für diese Dinge wirklich begabt ist.

Neulich haben wir miteinander telefoniert, und sie hat sich über einige Leute kritisch geäußert, die ihre eigene Sache sehr zielstrebig verfolgen.

Es waren Menschen, die wir beide lieben, Menschen, die eine Menge Aufbauarbeit leisten, sich für andere einsetzen und dabei hohe Risiken eingehen.

Warum also sollte meine absolut liebenswerte, kreative Freundin, die Gott liebt, sich so kritisch äußern? Weil sie sich verhielt wie – und das wird ihr nicht gefallen – die vielen missmutigen Männer in der Lebensmitte, die auf den Rängen des Footballstadions Nachos essen und dabei verkünden, wie die eine Mannschaft das Spiel hätten machen sollen, um die andere zu schlagen. Sie war auf der Tribüne und aß Nachos, aber für sie stand nichts auf dem Spiel.

Wir verbringen viel Zeit damit, andere zu beobachten – nicht, damit wir sie ermutigen können, sich weiter zu entfalten, sondern um festzustellen, ob wir mithalten können. Wir reden uns selbst ein, Gott wolle, dass wir absolut fantastisch sind. Alles dreht sich für uns darum, unsere Möglichkeiten der Einflussnahme zu stärken. Aber bleibende Freude wird sich erst einstellen, wenn Gott im Mittelpunkt steht; nicht, wenn ich gestärkt werde, sondern wenn ich in seiner Kraft Frieden finde.

✷

Wenn unsere Gedanken sich um uns selbst drehen, vergessen wir, wie sehr wir Jesus brauchen. Wir fallen auf die Lüge der Selbstermächtigung herein: „Du hast das schon im Griff." Wir vergessen, dass Jesus uns aufruft, unser Kreuz auf uns zu nehmen und ihm zu folgen, sein Leiden zu teilen und unser Leben so zu leben, „dass Gott dadurch geehrt wird; er hat euch ja berufen, seine Kinder zu sein. Überhebt euch nicht über andere, seid freundlich und geduldig! Geht in Liebe aufeinander ein! Setzt alles daran, dass die Einheit, wie sie der Geist Gottes schenkt, bestehen bleibt. Sein Friede verbindet euch miteinander" (Matthäus 16,2; 1. Petrus 4,13; Epheser 4,1–3).

Ich reagiere einer Kollegin gegenüber unfair und anschließend bin ich sauer und ängstlich und habe ein schlechtes Gewissen. Um mich besser zu fühlen, verdränge ich diese Gefühle und mache einfach weiter. Aber später kommen die Schuldgefühle wieder, doch statt mich zu entschuldigen, sammle ich Gründe dafür, dass ich im Recht war und sie nicht.

Gibt es vielleicht in der folgenden Liste einen Trend zu beobachten?

Ich fühle mich ängstlich.

Ich fühle mich schuldig.

Ich bin sauer.

Ich schlucke diese Gefühle runter.

Ich mache weiter im Plan.

Ich sammle Gründe.

Ich beschließe, dass ich im Recht bin.

Ich, ich, ich, ich, ich.

Aufgeblähter Stolz ist alles, was ich spüre, und dieser veranlasst mich, mich immer weiter zu rechtfertigen, zu verteidigen, meine Verantwortung zu leugnen und mich zu weigern, nachzugeben.

Ich stehe im Zentrum dieses kleinen Szenarios, desselben, das die Verbindung zu meiner Kollegin gestört hat.

Demut. Manchmal ist das so ein schwieriges Gefühl, nicht? Ich bin dann nicht besser als ein Dreijähriger, der eher alle seine Lieblingsspielsachen verlieren würde, als zu sagen: „Es tut mir leid. Ich lag falsch."

Dann denke ich an Jesus.

Schuldlos und fälschlich beschuldigt.

Und dabei von Herzen demütig.

Unser Freund Paulus verweist uns auf Jesus, wenn wir wissen wollen, wie man den Großartigkeitswahn verlernt. In Philipper 2 schreibt er: „Eure Einstellung soll so sein, wie sie in Jesus Christus war" (Philipper 2,3; NEÜ).

Und was war das für eine Einstellung?

Er war genauso wie Gott und hielt es nicht gewaltsam fest, Gott gleich zu sein. Er legte alles ab und wurde einem Sklaven gleich. Er wurde Mensch, und alle sahen ihn auch so. Er erniedrigte sich selbst und gehorchte Gott bis zum Tod – zum Verbrechertod am Kreuz. (Philipper 2,6–8; NEÜ)

Er machte sich leer, indem er die Gestalt eines Dieners annahm.

Er erniedrigte sich selbst durch seinen Gehorsam bis in den Tod.

Klingt das für dich ebenso entlarvend wie für mich?

Ein Opfer erfordert Leersein, hochgradige Demut, völlige Einfachheit des Herzens – das war nicht nur eine freundliche Geste

ICH ENTSCHEIDE MICH
FÜR DEMUT.

von Jesus für die Menschheit. Es war auch als Beispiel gedacht – eine Lebensbewegung, die diejenigen, die ihm folgen, immer wieder vollziehen.

Das Sterben unserer Selbstzentriertheit willkommen heißen.

Das Sterben unserer Träume aushalten.

Das Sterben unserer Hyperkonsummentalität zulassen.

Am wenigsten beeindruckend, am wenigsten gemocht sein, der Letzte sein.

Jesus hat sich tief erniedrigt, um uns dazu zu motivieren, ebenfalls ein Leben in großer Demut zu leben.

Wenn wir uns dafür entscheiden.

DAS GUTE AN DER DEMUT

Wenn wir merken, dass wir auf die Lüge von unserer eigenen Großartigkeit hereingefallen sind und umschalten und uns für Demut entscheiden, dann können wir dem Beispiel von Jesus folgen, der „nicht auf seinen göttlichen Rechten bestand",

der „auf alles verzichtete",

der „die niedrige Stellung eines Dieners annahm",

der „im Gehorsam gegenüber Gott sogar den Tod auf sich nahm und am Kreuz starb wie ein Verbrecher" (Philipper 2,6–8; NEÜ).

Wenn wir die Eigenschaften nachahmen, die ihn zu diesem Verhalten bewegten, setzen wir Gott an den Platz, der ihm zusteht. Wir tauschen die Lüge unserer Großartigkeit aus durch die Wahrheit darüber, wer Gott ist – und wie bedürftig wir ohne ihn sind. Demut wird dann zur einzig logischen Haltung unseres Herzens.

*

Am Tag nach meinem kleinen Schroffheitsanfall und unter dem Eindruck, dass Gott meine Entschuldigung wichtig war, nahm ich meine Kollegin beiseite und bat sie um Verzeihung.

„Ich möchte mich für etwas entschuldigen, das ich gestern gesagt habe", begann ich. „Ich war im Unrecht und es tut mir leid. Meine Reaktion war wirklich unfair."

Ich habe ja berichtet, wie ich mir einredete, sie hätte meine Unfreundlichkeit vielleicht gar nicht bemerkt und wäre schon längst zur Tagesordnung übergegangen. Doch weit gefehlt.

„Gib mir ein paar Minuten Zeit", sagte sie ruhig. „Und dann können wir uns hinsetzen und reden."

Ich hatte sie verletzt – sehr verletzt. Sie war 24 Stunden lang unglücklich gewesen.

Die Bibel macht uns deutlich, dass Demut ihren Lohn mit sich bringt (Psalm 25,8–9; Sprüche 11,2; 22,4; Matthäus 6, 3–4). Und anhand dieser unglücklichen Situation mit meiner Kollegin möchte ich hier drei positive Folgen von Demut herausstellen.

Demut hilft uns, nicht länger beeindruckend sein zu müssen

Ich weiß etwas über mich selbst, das ich lange mit großem Zeitaufwand zu verbergen versuchte: Komm mir zu nahe und ich werde dich bald und häufig enttäuschen.

Es ist mir zwar zuwider, dass diese Einschätzung stimmt, aber sie ist wahr. Podeste geben sehr schlechte Wohnorte ab, und je eher meine neue Kollegin merkt, dass sie für eine Sünderin arbeitet, die zufällig eine Organisation leitet (und die sie zufällig auch mal anfährt und sich danach schrecklich fühlt – ähem), umso besser.

Ich will mein Verhalten nicht rechtfertigen, aber die Wahrheit ist, ich werde immer wieder Fehler machen. Ich werde egoistisch sein und manchmal gedankenlos und kurz angebunden. Ich werde sie enttäuschen. Nicht, dass ich all das tun will, aber hin und wieder wird es passieren. Ich werde es total vermasseln. Woher ich das weiß?

Weil ich inzwischen begriffen habe, dass ich nicht ganz so großartig bin.

Bevor ihr nun alle versucht, mir zu widersprechen: Ich glaube, das zu begreifen, ist das Ziel. Mich nicht darum zu kümmern, was ihr jetzt von mir denkt. Mich nicht darum zu kümmern, was ich von mir selbst denke. Wisst ihr, wie viel Freiheit wir erleben könnten, wenn wir diese beiden einfachen Wahrheiten beherzigen würden?

Mein Sohn Cooper ist zehn Jahre alt und er ist ein wandelndes Beispiel für Selbstherrlichkeit. Ich liebe dieses Kind, aber ich stehe zu dieser Einschätzung. Ich glaube, wenn wir zehn sind, sind wir alle so: Jeder ist der Mittelpunkt der Welt – zumindest glauben wir das. (Die nächsten paar Jahre werden das in Ordnung bringen, also lasse ich es jetzt mal durchgehen.)

Jedenfalls kam Cooper, dem Kleidung und Schuhe wichtiger sind als seinen beiden Teenager-Schwestern zusammen, neulich morgens in seinen extrem teuren Sportschuhen, die seine Großmutter ihm gekauft hatte, die Treppe herunter und erinnerte mich daran, dass er eine Lederjacke *brauche*. Schon wochenlang hat er darum gebettelt. Ich weiß nicht, welchen von seinen Basketballhelden er in einer Lederjacke gesehen hat, aber jedenfalls wird sein Leben so lange nicht perfekt sein, bis er auch eine hat.

„Ich will doch nur Eindruck machen", scheint sein Blick zu sagen.

Sind wir da so anders? Mit zehn und mit 40 sagt unser Blick ein und dasselbe.

Als ich mich (endlich) entschloss, meinen Fehler einzugestehen und meine Kollegin um Verzeihung zu bitten, war ich erleichtert. Ich hatte den Rückzug angetreten, so wie Gott es von uns möchte – genau das, was wir alle so hassen.

Ich war von meinem hohen Ross gestiegen.

Ich hatte mich entschuldigt.

Ich hatte die Dinge in Ordnung gebracht.

Und gerade heute haben wir in einem Chat über diesen dummen Streit gelacht.

Ich weiß, heute ist es absolut in, davon zu sprechen, wie erstaunlich alle sind, dass wir alle *besonders* und *talentiert* und *genug* sind. Aber ich muss doch eines sagen: In der Bibel finde ich nichts davon. Wenn wir „genügen", dann allein durch Christus. Wenn uns Gottes Wort etwas sagt, dann das: Positionieren wir uns im Gegensatz zu dem, was unsere Kultur uns sagt. Wenn wir schwach sind, dann ist das in Wirklichkeit etwas Gutes, weil die Kraft Christi so in uns umso besser zu erkennen ist (2. Korinther 12,9).

Ich für meinen Teil finde, das sind *fantastische* Neuigkeiten.

Ich las vor Kurzem einen Artikel darüber, welche Probleme der Erfolg mit sich bringt. Er enthielt das folgende Zitat von einem Mann, der nach irdischen Maßstäben Großartigkeit verkörpert.

Stell dir das Leben vor als zwei Barometer, sagt er. Eins zeigt an, wie die Welt dich sieht. Das andere, wie du dich selbst fühlst. In dem Maß, wie deine Position in der Welt steigt, zerbricht dein Selbstbild. Menschen schaden sich selbst mit Luxusessen oder Alkohol oder Drogen oder Sex – nur um zu vermeiden, zu erfolgreich zu sein. Warum haben Top-Manager, die an der Weltspitze stehen, ein Problem mit ihrem Selbstwert? Ganz einfach: Menschen, die sich fühlen wie ein Stück Sch…, überkompensieren das, indem sie tun, als wären sie die Helden der Schöpfung.[40]

Selbstherrlichkeit fällt immer irgendwann in sich zusammen. Denn wir wurden nicht dafür geschaffen zu leben, als wären wir Götter.

Und obwohl so viel dagegenspricht, ist, es zu etwas zu bringen, noch immer die beliebteste Droge unserer Generation.

Hör mir zu. Es gibt einen Grund dafür, dass wir nicht gerne in Altenheimen und Krankenhäusern sind. Es gibt einen Grund dafür, dass wir uns in Positur werfen. Es gibt einen Grund dafür, dass wir lauter Zeugs kaufen, auf dem *Anti-aging* steht. Es gibt einen Grund dafür, dass wir mehr Autos fahren, als wir uns leisten können. Es gibt einen Grund dafür, dass wir auf Marken stehen.

Wir wollen alle Ehrfurcht gebietend und beeindruckend sein. Aber es gibt nur einen, der das wirklich ist: Christus.

Dies gehört zu den befreiendsten und nur selten angenommenen Wahrheiten in der Nachfolge von Jesus: Weil Jesus seine Herrlichkeit geopfert hat, erhalten wir sie umsonst. Wir bekommen seine Gerechtigkeit. Wir bekommen Vergebung. Wir bekommen Frieden. Wir bekommen Gnade für unsere Seele.

Demut erinnert uns an diese Wahrheit. Sie sagt: „Entspann dich. Deine einzige Hoffnung ist Jesus."

Das ist eine gute Nachricht, und sie schenkt uns das Aufatmen, nach dem wir uns alle sehnen.

Demut hilft uns, andere so zu sehen, wie Gott sie sieht

Weiter oben habe ich gesagt, dass ich Andrew Murray unter anderem deshalb so liebe, weil er den Mut hat auszusprechen, was wir alle von Zeit zu Zeit vermutlich denken, nämlich etwas in der Richtung von: *Wie kann man von mir erwarten, demütig gegenüber denen (wer immer die sind) zu sein, wo sie doch so verletzend/nervend/im Unrecht sind?*

Zu dieser Frage hat Murray noch mehr zu sagen: „Wer so fragt, beweist, wie wenig er vom Wesen rechter Herzensdemut versteht. Wahre Demut ist da vorhanden, wo man im Lichte Gottes die eigene Nichtigkeit erkennt und bereit ist, das eigene Ich aufzugeben, damit Gott alles sein kann."[41]

„Das eigene Ich aufzugeben." Wir verwenden diese Formulierung nicht mehr oft, aber sie ist gut. Das bedeutet, unsere eigenen

Sorgen und Überlegungen beiseitezulegen, sie weit von uns zu entfernen und sie auf Gott zu legen. Matthäus 6,33 verspricht, wenn wir unsere Sorgen von uns abwerfen, wird Gott sich um uns kümmern. Etwas Erstaunliches geschieht, wenn wir *das eigene Ich aufgeben*: Auf einmal haben wir den Raum, uns mit anderen zu beschäftigen. Wenn wir nicht ständig mit uns selbst beschäftigt sind, merken wir, dass wir nicht allein auf der Welt sind und sehen andere – Menschen, für die wir uns vielleicht einsetzen können. Wir sehen sie in einer neuen Perspektive. Wir sehen ihre Verletzlichkeit und was sie brauchen.

Als mir klar wurde, dass ich mich bei meiner Kollegin entschuldigen musste, erwachte auch meine Empathie. Indem ich zu ihr ging, meinen Fehltritt zugab und sagte: „Kannst du mir verzeihen?", war ich auch fähig, die Dinge aus ihrer Perspektive zu sehen. Ich konnte einsehen, wie schädlich und falsch mein Verhalten gewesen war.

Der feurige Baptistenprediger Charles Spurgeon hat einmal gesagt: „Deine eigene geistliche Schönheit mag in hohem Maß daran gemessen werden, was du in anderen Menschen sehen kannst."[42] Erst nachdem ich mich entschieden hatte, Demut zu beweisen, konnte ich die Enttäuschung, Angst und den Schmerz meiner Kollegin sehen.

„Werde weise! Werde verständig! Kein Preis darf dir zu hoch dafür sein", heißt es in Sprüche 4,7. Demut bringt uns sehr schnell dorthin.

Demut hilft uns, Menschen so zu behandeln, wie Jesus es getan hätte

Die Entscheidung für Demut bringt noch ein drittes positives Resultat: Wir können uns für diejenigen einsetzen, die unseren Beistand brauchen. Ihr wisst noch, dass meine Kollegin als Antwort auf meine Bitte um Verzeihung um ein bisschen Zeit bat, um sich erst einmal zu sammeln. Wenn nicht aus einer Haltung der Demut heraus, wer würde so einer Bitte nachgeben? Du brauchst Zeit, um nachzudenken, ob du meine Entschuldigung akzeptierst?

Ich weiß noch, wie ich zunächst dachte: *Nein. Ich will das jetzt in Ordnung bringen!* Aber rate, was dann kam. Ich merkte, dass es nicht mehr um mich ging. Sie hatte alles Recht der Welt, mich um ein wenig Zeit zu bitten.

Demut sagt: „Ich nehme dich nicht nur wahr, sondern ich entscheide mich, deine Bedürfnisse über meine eigenen zu stellen."

Also sagte ich – und meinte es schließlich auch so: „Natürlich. Nimm dir so viel Zeit, wie du brauchst. Ich bin hier, wenn du bereit bist zu reden."

EINE UNWAHRSCHEINLICHE FREUDE

Neulich unterhielt ich mich mit meiner Tochter Kate über eine Serie auf *Netflix*, die wir beide gerne schauten.

„Ich liebe die Sendung", sagte sie. „Aber ich hasse sie auch irgendwie."

Dann erklärte sie mir, dass ihr klar geworden war, dass die in ihrem Freundeskreis absolut akzeptable Entscheidung, eine Folge nach der anderen auf *Netflix* zu schauen, wohl kaum eine segensreiche Entscheidung ist.

„Wenn ich den ganzen Abend damit verbringe", sagte Kate, „statt, sagen wir, in der Bibel zu lesen oder im Gebet Zeit mit Gott zu verbringen, dann zieht mich das in eine völlig andere Richtung, als wenn ich getan hätte, was mir mehr Leben schenkt."

Sie lachte. „Vielleicht macht mich das ja zu einem Nerd oder so."

Die Sache ist die. Ich glaube der Bibel. Ich möchte leben, was sie sagt. Ich möchte jeden Tag mehr so sein wie Jesus. Und trotz all dieser noblen Absichten ist es eine Tatsache, dass ich Demut nicht selbst fabrizieren kann. Aus gutem Grund war die erste Wahl, um die es in diesem Teil des Buches geht, die, die Stille vor Gott zu suchen. Wir können ihm nicht ähnlicher werden, außer indem er selbst sich uns mitteilt. Demut erwächst nur daraus, dass ich mich entscheide, Zeit mit ihm zu verbringen und mich auf ihn zu verlassen, statt der Lüge zu glauben, ich sei *genug*.

Mein Lieblingsbibellexikon definiert Demut wie folgt: „Ein Zustand der Niedrigkeit oder Betrübnis, in dem man einen Verlust an Macht und Prestige erlebt."

Anschließend wird ausgeführt: „Außerhalb des christlichen Glaubens würde Demut in diesem Sinn gewöhnlich nicht als Tugend betrachtet. Aber im Kontext der jüdisch-christlichen Tradition gilt Demut als die angemessene Haltung des Menschen gegenüber seinem Schöpfer. Demut ist ein dankbares und spontanes Bewusstsein dafür, dass das Leben ein Geschenk ist, und sie zeigt sich in einer freimütigen und ungeheuchelten Anerkennung der absoluten Abhängigkeit von Gott."[43]

Außerhalb des christlichen Glaubens wäre Demut Irrsinn. Wer möchte schon weniger Einfluss und weniger Prestige? Aber im Rahmen des biblischen Glaubens ist diese völlige Abhängigkeit von Gott eine Tugend.

Wenn Gott mich geschaffen hat und mich liebt, warum sollte ich ihm etwas von seinem Ruhm stehlen? Natürlich kann ich das als Mensch gar nicht – aber warum sollte ich es versuchen?

Die Wahrheit ist, unser Herz sehnt sich letztlich nicht nach Macht oder Einfluss; es sehnt sich nach Freude. Und die Täuschung, der wir aufsitzen, ist die, dass sich die Freude irgendwie einstellen könnte, wenn wir Macht haben. Doch Freude stellt sich erst ein, wenn wir unsere Macht aus der Hand geben und in Gott ruhen. Freude stellt sich ein, wenn wir den Akzent dorthin legen, wohin er gehört: auf Gottes Herrlichkeit, nicht auf unsere (Johannes 3.30).

Es gibt Gnade für diesen Prozess. Mein Sohn Cooper lernt diese Wahrheit ebenso wie du und ich.

Mein nicht-mehr-so-kleiner-Kerl wächst so schnell, dass man zusehen kann, und er brauchte neue Schuhe, also statteten wir unserem Sportausstatter einen Familienbesuch ab. Er hatte sich ein bisschen Geld verdient und konnte sich die Schuhe leisten, die alle seine Freunde haben wollten. Aber er entschied sich für ein einfacheres Modell, das viel weniger kostete. Und er war davon begeistert.

Als Zac ihn am Abend danach zu Bett brachte, sagte Cooper völlig unvermittelt: „Dad, ich wollte nicht die Schuhe haben, die alle anderen Kids haben. Ich glaube, Jesus würde es nicht gefallen, wenn ich Schuhe trage, die sagen: Seht mich an. Ich kann auch mit diesen Schuhen cool sein. Nicht supercool, aber cool genug."

Ich wünschte, du und ich, wir würden unsere Gedanken nicht so ausrichten, dass unser Leben sagt „Seht mich an", sondern dass alles an uns verkünden würde: „Ich sehe auf dich, Jesus!"

Mein Gebet für mich selbst – und auch für euch – ist, dass wir völlig abhängig werden von Gott. Dass wir ihn suchen und ihn finden und von ihm lernen und uns auf ihn stützen würden, dass wir in dieser Welt so da wären, wie Jesus selbst es war. Dass wir jede Einladung zur Demut annähmen und die Bedürfnisse anderer für wichtiger nehmen als die eigenen. Dass wir die Dinge nicht verachten, die uns wachsen lassen, indem sie uns daran erinnern, uns immer noch tiefer zu beugen.

„Alles Handeln Gottes an einem Menschen lässt sich in zwei Phasen einteilen", sagt unser Freund Andrew Murray.

Wie viele Christen, die nach Demut trachten, fliehen in Wahrheit alles, was sie in die Tiefe führen könnte! … Zuweilen bitten sie ernsthaft um Demut; doch im Grunde ihres Herzens wünschen sie sich vielmehr, vor allem bewahrt zu werden, was sie

wirklich demütigen könnte. Sie haben die Demut als die wahr-
hafte Freude des Himmels und Schönheit Jesu noch nicht in dem
Maße kennen- und lieben gelernt, dass sie alles hergeben wür-
den, um sie zu erlangen ... An der Demütigung ihrer selbst fin-
den sie noch keine Freude. Sie vermögen noch nicht zu sagen:
„Ich rühme mich am allerliebsten meiner Schwachheit; ich finde
Gefallen an allem, was mich demütigt.“
Aber können wir überhaupt hoffen, diese Stufe jemals zu er-
reichen, auf der wir wahrhaft Gefallen finden an Demütigun-
gen und Erniedrigungen? – Zweifellos! Und was wird uns dahin
führen? Genau dasselbe, was auch den Apostel Paulus dahin
brachte, nämlich eine neue Offenbarung der Kraft des Herrn
Jesus Christus.[44]

„Gefallen finden an allem, was mich demütigt.“ O Mann, was für
ein erhabenes Ziel. Eine so befreiende Weise, wie wir über unsere
Umstände und die Menschen in unserem Umfeld denken können.

„Vater, hilf mir heute, mich für die Demut zu entscheiden.“ Das
ist der Ort, von dem aus wir starten können.

ES IST NICHT FAIR.

ICH WERDE DAS IMMER
SO EMPFINDEN.

IM MOMENT VERSUCHE ICH
EINFACH NUR ZU ÜBERLEBEN.

VON DEM, WAS MIR ZUGESTOSSEN IST, WERDE
ICH MICH NIE MEHR RICHTIG ERHOLEN.

ICH WERDE NIE WIEDER GLÜCKLICH SEIN.

DAS HABE ICH NICHT VERDIENT.

MEIN LEBEN HÄTTE DOCH WIRKLICH
ANDERS VERLAUFEN SOLLEN.

DU WÜRDEST NICHT GLAUBEN, WAS
ICH ALLES DURCHGEMACHT HABE.

WARUM HABE ICH NICHT AUCH MAL GLÜCK?

NICHT BEZWUNGEN

Ich entscheide mich dafür, dankbar zu sein

Meine Freundin Brooke war vollkommen desillusioniert und frustriert. Sie hatte einen Collegeabschluss und glaubte, es müsse etwas geben, dass besser auf ihre Fähigkeiten zugeschnitten sei als ein Job im Verkauf, bei dem sie die ganze Woche auf den Beinen war. Und doch fuhr sie sechs Tage in der Woche die 20 Minuten von ihrer Wohnung zu der Boutique, in der sie arbeitete, kochte aber die ganze Zeit innerlich darüber, wie weit ihr Leben von dem entfernt war, was sie für sich selbst erträumt hatte.

Dann hörte sie etwas, das ihr für das wirkliche Problem in ihrem Leben die Augen öffnete.

„Ich erinnere mich noch genau an den Tag, an dem ich anfing, beim Autofahren Bibeltexte zu hören", erzählte sie mir. Kaum zwei Minuten nach Beginn der Sendung traf eine Passage sie vollkommen unvorbereitet.

Der Text, der gelesen wurde, stand in Philipper 1: „Ich danke meinem Gott immer wieder, wenn ich an euch denke, und das tue ich in jedem meiner Gebete mit großer Freude. Denn ihr habt euch vom ersten Tag an bis heute mit mir für die rettende Botschaft eingesetzt. Ich bin ganz sicher, dass Gott sein gutes Werk, das er bei euch begonnen hat, zu Ende führen wird, bis zu dem Tag, an dem Jesus Christus kommt" (Philipper 1,3–6).

Paulus war dankbar – so dankbar. Er war dankbar für seine Mitchristen, dankbar für den Einsatz seiner Mitarbeiter, dankbar für seine Unterbringung, obwohl er unter Hausarrest stand. Der Mann sorgte gut für seinen Geist.

Als Brooke diese Worte hörte, war sie unwillkürlich von dem Gegensatz zwischen Paulus und sich selbst betroffen.

Paulus war verhaftet worden, weil er das Evangelium verkündete, aber trotz dieses Unrechts sah er Anlass genug, um zu danken. Er sah Anlass genug, anhaltend zu beten, weiter seinen Auftrag auszuführen, sich weiter mit anderen Christen um die Herzen von Männern und Frauen zu bemühen.

Wozu sah sie selbst Anlass? Wie sie selbst sagt: zum Jammern.

Aber an diesem Tag veränderte sich ihr Denken. „Jennie", sagte sie zu mir, „ich habe mein Leben mit ganz neuen Augen gesehen."

Sie hatte erkannt, dass sie die Wahl hatte, wie sie ihre Arbeit sehen wollte. Als sie an diesem Morgen den Laden betrat, sah sie auch ihre Kolleginnen mit neuen Augen. Sie beschloss, echte Beziehungen zu ihnen aufzubauen, ihnen ihre Anteilnahme zu zeigen und ihnen zu dienen. Sie fing an, den Kundinnen anders zu begegnen, sie nicht länger als namenlose Fremde zu betrachten, sondern als wirkliche Menschen mit wirklichen Problemen, die echte Großherzigkeit brauchten. Sie begann, ihre Fahrt zur Arbeit zum Beten zu nutzen. Einen Monat, nachdem sie diese neue Haltung eingenommen hatte, erzählte sie mir, dass sie ihren Job nicht länger verabscheute. Jetzt liebte sie ihn sogar.

Statt sich darauf zu fixieren, wie unfair ihre Umstände waren, und herumzugrübeln, dass sie doch etwas Besseres verdient hätte, begann sie ihren nicht sehr erfüllenden Job als Chance zu sehen, das Reich Gottes voranzubringen.

Gott hatte sie an einen strategischen Platz gestellt, an dem sie andere lieben konnte, und jetzt war sie begeistert, dass sie in seinem Plan eine Rolle spielte.

Statt Ausschau zu halten nach Dingen, über die sie sich beklagen konnte, war meine Freundin jetzt darauf ausgerichtet, Gründe zum Danken zu finden. Damals wusste sie es noch nicht, aber sie tat sich selbst damit einen weit größeren Gefallen, als nur angenehmere Fahrten zur und von der Arbeit und größere Zufriedenheit während des Arbeitstags zu erleben. Indem sie sich für Dankbarkeit entschied, programmierte sie ihr Gehirn um. Sie ließ zu, dass Gott sie erneuerte an Leib und Seele.

DEIN GEHIRN ERFÜLLT MIT DANKBARKEIT

Unsere Opfermentalität ist ein weiterer Feind unseres Denkens, der uns auf etwas anderes fixiert sein lässt als auf den Gott, der das Universum geschaffen hat. Diese Opfermentalität stellt sich ein, wenn wir die Lüge glauben, wir seien den Umständen hilflos ausgeliefert.

Aber wir haben eine Wahl. Wir können unsere Gedanken auf die Gewissheit richten, dass wir, was immer auch kommt, in Gottes siegreicher Hand gehalten sind (Jesaja 4,10).

Und das wird unser Gehirn auf Dankbarkeit umschalten.

Vor ein paar Jahren berichtete das Magazin *Psychology Today* über eine Studie des *National Institute of Health*, in der festgestellt wurde, dass Probanden, die „insgesamt mehr Dankbarkeit erkennen ließen, ein höheres Maß an Aktivität im Hypothalamus aufwiesen". Der Hypothalamus – und das sage ich für den Fall, dass ihr ebenfalls im Biologiekurs mit anderem beschäftigt wart als mit dem Lernstoff – ist der Teil des Gehirns, der die Körperfunktionen kontrolliert: essen, trinken, schlafen, das ganze Programm.[45]

Etwas so Normales wie *Danke* sagen ist wie eine Neueinstellung für unsere innere Welt.

Probanden, die während dieser Studie Dankbarkeit zum Ausdruck brachten, wiesen einen Anstieg der Dopaminausschüttung auf, dieses Belohnungs-Neurotransmitters, der das Gehirn glücklich macht. Kurz gesagt, jedes Mal, wenn jemand Dankbarkeit zum Ausdruck bringt, sagt das Gehirn: „Wow! Noch mal!" Auf diese Weise führt das Gefühl der Dankbarkeit zu noch mehr Dankbarkeitsgefühlen und dies wiederum zu noch mehr Dankbarkeit. „Wenn man erst einmal anfängt zu sehen, wofür man alles dankbar sein kann, beginnt das Gehirn, sich nach noch mehr Dingen umzusehen, für die man dankbar sein kann."[46]

Die Forschung hat folgende sieben Schlüsselnutzen für Menschen identifiziert, die eine Haltung der Dankbarkeit einüben:

1. *Dankbarkeit öffnet die Tür zu mehr Beziehungen.* Etwas so Schlichtes wie ein *Dankeschön* an jemanden, den man nur flüchtig kennt, macht es wahrscheinlicher, dass dieser Mensch mit dir eine Freundschaft eingehen möchte.

2. *Dankbarkeit verbessert die körperliche Gesundheit.* Wenn Menschen dankbar sind, treiben sie mehr Sport, treffen bessere Entscheidungen im Blick auf ihre Gesundheit und leiden weniger unter Schmerzen und Unwohlsein.

3. *Dankbarkeit verbessert die psychologische Gesundheit.* Sie reduziert schädliche Emotionen wie Eifersucht, Enttäuschung und Bedauern.

4. *Dankbarkeit befördert Empathie und reduziert Aggression.* Eine Studie fand heraus, dass „dankbare Menschen sich mit höherer Wahrscheinlichkeit prosozial verhalten", was ich für eine nette Umschreibung dafür halte, dass ein dankbarer Mensch wahrscheinlich nicht zu einem Vollidioten wird.

5. *Dankbare Menschen schlafen besser.* Und das ist an sich ja schon Grund genug für uns alle, dankbar zu sein.

6. *Dankbarkeit erhöht die Selbstachtung* und erlaubt es einem Menschen, sich ehrlich über die Leistungen anderer zu freuen, statt sie darum zu beneiden.

7. *Dankbarkeit verbessert unsere mentale Stärke*, indem sie hilft, Stress zu verringern, Traumata zu bewältigen und Resilienz zu verstärken, sogar in schlechten Zeiten.[47]

Ich habe da nur noch eine Frage: Wenn Dankbarkeit gut für uns ist – und das ist sie – und wenn Gott uns so geschaffen hat, warum ist es dann so schwer, dankbar zu sein, wenn das Leben nicht so verläuft, wie wir meinen, dass es laufen sollte?

BEREIT ZUM UMSCHALTEN?

Hast du schon mal überlegt, warum manche Menschen, obwohl sie viel schwierigere Umstände bewältigen müssen, glücklicher zu sein scheinen als du? Vielleicht hast du Menschen in Entwicklungsländern besucht in der Annahme, du wärst dort, um ihnen in ihren Bedürfnissen zu dienen, nur um dann durch ihr Lachen, ihre Freude und Selbstlosigkeit zu erkennen, dass du selbst die Bedürftige bist.

Ja, genau. Ich auch.

Als Paulus seinen Brief an die Philipper schrieb, die größte Abhandlung über die Freude, die je geschrieben wurde, war er verhaftet und stand unter Hausarrest. Paulus verstand etwas, das wir in unserem Kokon von Bequemlichkeit im Westen selten begreifen. Er verstand, dass wir zu neuen Geschöpfen gemacht wurden und daher die Kraft des Geistes Gottes in uns tragen und eine Wahl zu treffen haben. Unser Denken zu verändern ist möglich.

Wir müssen uns nicht gedanklich im Kreis drehen – weil wir wissen, dass unser Glück in etwas Größerem verankert ist als in irgendetwas, dass wir hier und jetzt sehen können.

Und das stellt uns vor eine zweite Frage: Wovon erwartest du, dass es dich glücklich macht? Ob es nun Opiate sind oder der Beifall der Leute, was immer in dir starke Gefühle von Glück oder von Enttäuschung hervorruft, das ist wahrscheinlich das, wofür du lebst. Und höchstwahrscheinlich ist es auch das, was dein Leben ruiniert.

Wenn Paulus nur auf die Umstände geschaut hätte und darauf, dass es nicht in seiner Macht lag, seine Gefangenschaft zu beenden, dann wäre er sicherlich verzweifelt. Aber er ließ sein Denken nicht von seinen Umständen bestimmen. Was sein Denken beschäftigte, waren seine Liebe zu Jesus und sein Vertrauen auf einen guten, liebenden Gott, der die Dinge im Griff hat, und das gab ihm auch einen Sinn für sein Leben. Und dieselbe Kraft, die Christus aus dem Tod auferweckte, derselbe Geist, der es Paulus möglich machte, in den bittersten Umständen zu vertrauen, steht dir und mir in vollem Umfang zur Verfügung. Hier und jetzt.

Indem wir von Denkstrukturen, die uns schwächen, umschalten auf Gedanken, die hilfreich und weise sind und Gott die Ehre geben, können wir uns entscheiden, dankbar zu sein. Wir können Menschen sein, die beständig und aufrichtig danken, unabhängig von den Verletzungen in unserer Vergangenheit oder den Umständen, in denen wir uns gerade befinden.

LÜGE: Ich bin ein Opfer meiner Umstände.

WAHRHEIT: Auch in meinen Umständen gibt es Gelegenheit zu erleben, wie gut Gott ist.

Freut euch zu jeder Zeit! Hört niemals auf zu beten. Dankt Gott, ganz gleich wie eure Lebensumstände auch sein mögen. All das er-

wartet Gott von euch, und weil ihr mit Jesus Christus verbunden seid, wird es euch auch möglich sein. (1. Thessalonicher 5,16–18)

Ich entscheide mich, dankbar zu sein, egal, was das Leben mir bringt.

Diese Entscheidung hat Paulus ganz sicher getroffen. Das beweist die Tatsache, dass er trotz der bedrängenden Notlage, in der er sich befindet, zuerst seine Dankbarkeit für die Christen in Philippi zum Ausdruck bringt. Wenn jemand wusste, was Leiden bedeutet, dann Paulus. In Apostelgeschichte 9,15–16 sagt Gott zu Ananias: „Geh nur! Ich habe diesen Mann als mein Werkzeug auserwählt. Er soll mich bei den nichtjüdischen Völkern und ihren Herrschern, aber auch bei den Israeliten bekannt machen. Dabei wird er erfahren, wie viel er um meinetwillen leiden muss."

Und gelitten hat Paulus ganz sicher.

In der Apostelgeschichte lesen wir, was Paulus alles erlebte:

- In Damaskus wurde sein Leben bedroht.
- In Jerusalem wurde sein Leben bedroht.
- Aus Antiochia wurde er vertrieben.
- In Ikonium versuchte man ihn zu steinigen.
- In Lystra wurde er gesteinigt und als tot liegen gelassen.
- Immer wieder begegneten ihm Widerstand und Auseinandersetzungen.
- Er verlor seinen Freund und Mitarbeiter Barnabas.
- Er wurde geschlagen und inhaftiert.
- In Philippi wurde er verhaftet und später ausgewiesen.
- In Thessaloniki war sein Leben bedroht.
- In Beröa gab es Hetze gegen ihn.

- In Athen wurde er verspottet.
- In Jerusalem wurde er nach einem Aufruhr gegen ihn verhaftet.
- Er wurde ausgepeitscht und an die Römer ausgeliefert.
- Mehr als zwei Jahre war er in Caesarea inhaftiert.
- Bei Malta erlitt er Schiffbruch.
- In Rom war er weiterhin inhaftiert.[48]

Er selbst berichtet ebenfalls, dass er bekämpft wurde, dass Freunde ihn verrieten, und immer wieder wurde er angeklagt, geschlagen, gesteinigt, verhaftet, beraubt und als tot aufgegeben (Korinther 11,24–26; Galater 2,11–14; 2. Timotheus 1,15; 4,10). Gäbe es in meinem Leben nur eine derartige Erfahrung, dann stünde sie im Mittelpunkt meiner Welt. Ich würde Interviews dazu geben. Ein Buch darüber schreiben. Vorträge halten. Ich würde jedem erzählen, wie es war. Ich würde mich selbst als Opfer inszenieren. Paulus hätte das nie getan. In unserer Kultur, die man als *Kultur der Opfermentalität* bezeichnet hat, würde Paulus nicht hervorstechen.

Und worüber klagen wir eigentlich? Über alles und jedes, wie es scheint.

Ich sage euch, es gibt einen weit besseren Weg – den Weg der Dankbarkeit.

Gott hat dafür gesorgt, dass in seinem Wort die Aufforderung zur Dankbarkeit deutlich zu finden ist, denn er weiß: Nur wenn wir in der Dankbarkeit verankert sind, können wir lernen und wachsen und aufblühen: „Freut euch zu jeder Zeit! Hört niemals auf zu beten. Dankt Gott, ganz gleich wie eure Lebensumstände auch sein mögen. All das erwartet Gott von euch, und weil ihr mit Jesus Christus verbunden seid, wird es euch auch möglich sein" (1. Thessalonicher 5,16–18).

GEFÜHL

Selbstmitleid

FOLGE

Freude

GEDANKE

Ich bin ein
Opfer meiner
Umstände.

BEZIEHUNGEN

Vergebungsbereit

VERHALTEN

Klagen

VERHALTEN

Sich bedanken

BEZIEHUNGEN

Anklage an andere

GEDANKEN

Meine Umstände sind
eine Chance, Gott
zu erleben.

ICH ENTSCHEIDE MICH,
DANKBAR ZU SEIN.

FOLGEN

Unglücklichsein

GEFÜHL

Selbstmitleid

WIR SIND NICHT DIE SKLAVEN
UNSERER UMSTÄNDE

Hatte ich schon erwähnt, dass unsere jüngste Tochter mit einer Lese-Rechtschreib-Schwäche (LRS) zu kämpfen hat? Jeden Tag erlebe ich, wie Caroline sich bei ihren Hausaufgaben mit Büchern und Wörtern abmüht. Und es bricht mir jeden Tag aufs Neue das Herz.

Letzten Monat besuchte ich einen Kurs LRS-Simulation. Zwei Stunden lang erlebte ich, was meine Tochter jede Stunde eines jeden Tages durchmacht. Hinterher war ich erschöpft.

Für jemanden mit LRS erscheint ein Wort so, als seien alle Buchstaben durcheinandergeraten und außerdem noch in einer unvollständigen Schrift geschrieben – Freund sieht aus wie Fruend oder Treudn oder Feind. Aber das ist noch nicht alles. Diese unvollständigen und durcheinandergeratenen Buchstaben tanzen herum, während man versucht, sie zu lesen, sodass es nahezu unmöglich ist, zu erkennen, was für ein Wort das ist. Du enträtselst ein Wort in einem Buch mit 50.000 Wörtern und fühlst dich wie ein Rockstar.

„Freund! Es heißt Freund, nicht Feind! Da steht Freund!"

Seufz. Nur noch 49.999 weitere Worte.

Ich kam von diesem Abend nach Hause und ging direkt zu Caroline. „Du bist wirklich erstaunlich", sagte ich.

Sie leidet und kämpft und ringt und weint, aber sie hat noch nicht einmal aufgegeben. Ja, das ist wahrscheinlich das entscheidende Kampffeld in ihrem Leben. Aber dieser Kampf entscheidet nicht darüber, wer sie ist.

Hier ist die Wahrheit, an die Caroline ihre Mama, die eine ausgewachsene ADHS-Diagnose hat, erinnert: Wir können unsere Probleme betrachten, ohne uns davon überwältigen zu lassen. Wir können sie sehen, ohne zu ihrem Sklaven zu werden.

ICH ENTSCHEIDE MICH
FÜR DIE DANKBARKEIT.

Wenn wir uns weigern, zu Sklaven unserer Umstände zu werden, heißt das nicht, dass wir nicht für das kämpfen, was richtig ist. Die Bibel gebietet sogar, dass wir kämpfen, indem wir gerecht handeln, uns für Gerechtigkeit öffentlich einsetzen und Benachteiligte und Unterdrückte verteidigen (Micha 6,8; Lukas 18,7; Sprüche 31,9). Aber in Christus kämpfen wir nicht länger auf dem Boden von Unsicherheit und Empörung, sondern auf dem Boden der Versöhnung. Des ruhigen Vertrauens. Des Friedens. Der Liebe. Warum? Weil uns der Sieg schon gewiss ist. Wir haben bereits gewonnen.

Ich glaube, das ist ein wichtiger Unterschied. Du und ich, wir leben in Zeiten, in denen wirkliche Ungerechtigkeit benannt und ans Licht gebracht wird, und gelegentlich wird sie auch besiegt und das Recht wiederhergestellt. Und das begeistert mich. Und es begeistert Gott. Er ermahnt uns, Sünde ans Licht zu bringen, damit sie in der Welt unwirksam gemacht werden kann. Der Kampf gegen Rassismus, öffentliches Eintreten gegen sexuellen und physischen Missbrauch in- und außerhalb der Kirche, Einsatz für das Wohl von Frauen und Kindern und Minderheiten und Immigranten und für ungeborenes Leben – all diese Dinge sind Jesus höchst wichtig. Deshalb müssen sie uns ebenfalls wichtig sein.

Denn es gibt sehr reale Unterdrücker in der Welt da draußen. Und manchmal auch hier drinnen, mitten in der Gemeinde, Menschen, die andere aus selbstsüchtigen Motiven zu Opfern machen. Das ist eine Realität, die ich hasse, aber wir können sie nicht verleugnen.

Aber wir können eine Menge tun, obwohl sich all das für uns schrecklich anfühlt. Für den Anfang können wir die Sprache verändern, mit der über diese Dinge geredet wird. Wir können Menschen, die zu Opfern geworden sind, helfen, ein für alle Mal aus der Opferrolle auszubrechen.

Selbst in Hollywood reden Juristen inzwischen mit Bezug auf Menschen, die Missbrauch durch andere erlebt haben, nicht mehr von *Opfern*, sondern von *Überlebenden*, und ich finde diesen Wandel wichtig. Wenn wir uns selbst durch das Fehlverhalten anderer definieren, macht uns das hilflos und schwach. Unsere Kraft und unsere Freude an die Täter auszuliefern, hält uns nur weiter gefangen.

Ja, es ist verlockend, uns in unserem Schmerz einzurichten und uns durch die schrecklichen Erfahrungen zu definieren, die wir erlitten haben. Aber wenn ich von meiner Familie und meinen Freunden etwas gelernt habe, dann das: Es gibt einen viel besseren Weg.

Meine Freundin Tara hat gestern Abend in unserer Gemeinde erzählt, wie viele rassistische Äußerungen ihr in ihrem Leben schon ins Gesicht geschleudert wurden, wie viele körperliche Angriffe sie erlebt hat und welchen Schmerz sie schon jahrelang erträgt. Manches an diesem unentschuldbaren Verhalten hat sie in einer Gemeinde erlebt, sodass Tara lange Vorbehalte hatte, sich wieder in einer Gemeinde zu engagieren.

„Aber ich beschloss, eine Entscheidung zu treffen", sagte sie mit Nachdruck. „Ich entscheide mich dafür, wieder zu vertrauen."

Und dann berichtete sie, wie sie in unsere Gemeinde eintrat und eine Gesprächsreihe zur Versöhnung zwischen verschiedenen ethnischen Gruppen angeboten hat, in denen Frauen mit unterschiedlichem ethnischen Hintergrund darüber sprechen, wie wir einander wirklich begegnen und Dinge besser machen können.

Ich sehe, wie viel Tara in unserer Gemeinde bewirkt, und denke: Wie kann jemand, der so verletzt wurde, sich den Menschen, die es taten, wieder zuwenden und sagen: „Ich möchte eine Brücke bauen, um euch wieder zu erreichen. Ich möchte einen neuen Versuch machen"?

Tara würde diese Frage mit einem einzigen Wort beantworten: Jesus.

Die Art von Jesus verändert alles. In Jesus können wir zu unserer Enttäuschung, unserem Schmerz und unserem Leiden stehen, ohne unseren Frieden und unsere Freude aufzugeben. In Jesus können wir den Boden, auf dem wir kämpfen, ändern, ohne das Ziel, für das wir kämpfen, zu ändern. Durch die Kraft von Jesus können wir uns selbst und anderen zeigen: Egal, wie trostlos unsere Situation erscheint, Gott ist dabei, alle Dinge wieder in Ordnung zu bringen. Aus Dankbarkeit gegenüber Jesus können wir auch in unserem Schmerz Gottes Absichten entdecken.

Tara hat verstanden: Ja, der Kampf, den sie kämpft, ist sehr real, aber sie ist gewiss, dass der Sieg am Ende ihr gehört. Und auf dem Boden dieser dankbaren Zuversicht kann sie die Hand reichen, kann sie vertrauen, kann sie lieben.

IN UNSEREM SCHMERZ NACH GOTTES PLAN SUCHEN

Ich wiederhole: Wir können zu unserem Schmerz stehen, ohne die Freude aufzugeben. Wir können auf dem Boden des Friedens für Gerechtigkeit kämpfen. Denn unsere Identität beruht nicht auf der Sache, die wir vertreten, sondern darauf, wer wir in Jesus sind, und das gibt uns Sicherheit. Und dann ist da noch etwas: Wenn wir den Mut aufbringen, von einer Haltung der Opfermentalität umzuschalten auf Dankbarkeit, betonen wir damit, dass wir begriffen haben: Gott bleibt seinem Vorsatz verpflichtet, alle Dinge zu erneuern.

Paulus schrieb an die Philipper, er sei sicher, dass hinter allem, was ihm widerfahren ist, eine spezielle Absicht stand. Diese Absicht war, wie ihr wohl ahnt, die Verbreitung des Evangeliums – der guten Nachricht von der Liebe und Gnade Gottes.

Meine lieben Brüder und Schwestern! Ihr sollt wissen, dass meine Gefangenschaft die Ausbreitung der rettenden Botschaft nicht gehindert hat. Im Gegenteil! Allen meinen Bewachern und

auch den übrigen Menschen, mit denen ich es hier zu tun habe,
ist inzwischen klar geworden, dass ich nur deswegen eingesperrt
bin, weil ich an Christus glaube. Außerdem haben durch meine
Gefangenschaft die meisten Christen neuen Mut gewonnen und
die Zuversicht, dass der Herr ihnen hilft. Furchtlos und ohne
Scheu sagen sie jetzt Gottes Botschaft weiter …
Darüber freue ich mich, und ich werde mich auch in Zukunft
darüber freuen! Weil ihr für mich betet und Jesus Christus mir
durch seinen Geist beisteht, bin ich sicher, dass hier alles zum Bes-
ten für mich ausgehen wird. Ich hoffe inständig und bin zuver-
sichtlich, dass ich während meiner Gefangenschaft nicht schwach
werde und versage, sondern dass Christus wie bisher, so auch jetzt
durch mich bekannt gemacht und geehrt wird, sei es durch mein
Leben oder durch meinen Tod. Denn Christus ist mein Leben und
das Sterben für mich nur Gewinn. (Philipper 1,12–14,18–21)

Paulus entschied sich für Dankbarkeit statt für Opfermentalität.
Und so richtete er seine Gedanken auf Gottes Absichten hinter seinem Leiden. Er fokussierte sich darauf, welche Auswirkungen seine
Gefangenschaft haben könnte, etwa die, dass seine Bewacher etwas
von Jesus erfuhren. Er konnte sehen, dass Gott immer aktiv war, ob
durch sein Leben oder seinen Tod, ob durch inneren Frieden für
ihn oder leidvolle Erfahrungen. Sein Dienst am Evangelium war
noch längst nicht vorbei, er begann gerade erst.

Aber um Gottes Absichten zu erkennen, müssen wir unseren Blick
über unsere unmittelbaren Umstände hinaus richten. Wir müssen
uns erinnern, dass wir auch hier eine Wahl haben: Wir können uns
entscheiden, da, wo wir sind, Gott zu preisen und ihn zu ehren, und
darauf zu vertrauen, dass wir einem Gott dienen, der sowohl trans-
zendent als immanent ist – schicke Worte dafür, dass seine Wege
unser Verstehen und Begreifen übersteigen (Jesaja 55,9) – und doch
entscheidet er sich dafür, uns nah zu sein, bei uns zu sein, auch in

den schwersten Zeiten, wenn wir nicht mehr sehen können, wie er unsere Umstände zum Guten wenden könnte.

Wie ich schon vorne erwähnt habe, umfasste Gottes Plan für mich in den letzten fünf Jahren Ereignisse wie diese: Meine beste Freundin erlebte eine grässliche Scheidung und eine Reihe ernsthafter Schlaganfälle, das idyllische Leben meiner kleinen Schwester zerbrach, mein ältestes Kind verließ unsere Familie, um aufs College zu gehen, unsere Familie wurde zum Teil gegen unseren Willen entwurzelt und wir mussten umziehen, ich erlebte 18 Monate so tiefer Enttäuschung, dass ich sicher war, ich würde meinen Glauben oder meinen Verstand verlieren. Ich stehe absolut dazu, dass Gottes Absichten gut und wohlwollend sind. Aber vielleicht glaube ich das nur in der Vergangenheitsform.

In dem Moment, in dem ich von dem Schlaganfall erfahre, wenn die Entscheidung fällt umzuziehen, wenn der Zweifel mich übermannt – entscheide ich mich dann auch dafür, für Gottes Absichten dankbar zu sein?

Ich möchte von zwei Menschen erzählen, die diese Grundentscheidung, Dankbarkeit statt Opfermentalität zu wählen, für mich verkörpern. Dee war Captain in der US Navy und war zu einem Blind Date mit einer Unbekannten verabredet. Diese Frau hieß Roddy, und die beiden waren wie füreinander geschaffen und so kam es, dass Dee und Roddy in ihrer 48 Jahre währenden Ehe beste Freunde und ein tolles Team wurden.

Ich traf Roddy drei Monate, nachdem Dee an ALS verstorben war. Sie war so freundlich, sich bei einer Veranstaltung für Frauen von mir interviewen zu lassen, und diese Begegnung geht mir noch immer nach. „Eines Morgens beim Frühstück fiel mir auf, dass Dee undeutlich sprach", erklärte Roddy den 300 Frauen, die vor ihr saßen. „Ich wusste, dass etwas nicht stimmte."

Nach kaum zwölf Monaten lag der Mann, der so ausdrucksvoll und lebhaft, zuversichtlich und aktiv gewesen war, bewegungslos, sprachlos und schrecklich abgemagert zu Hause im Rollstuhl. „Reden" war nur möglich, indem er mit einem Stift, den er in zwei Fingern hielt, mühsam Buchstabe für Buchstabe in eine Tastatur tippte. Sich im Bett umzudrehen war unmöglich. Selbstständig anziehen? Außer Frage. „War ich glücklich über das alles?", sagte Roddy. „Die Antwort ist: Nein."

ALS, amyotrophe Lateralsklerose, ist eine neurologische Erkrankung, die die Muskeln zunehmend schwächt, bis man gar keine Kraft mehr hat. Sie ist sehr selten, und sie ist unheilbar. Die Lebenserwartung ab dem Zeitpunkt der Diagnose beträgt zwei bis fünf Jahre.

„Dee lebte noch zweieinhalb Jahre, nachdem wir erfahren hatten, dass er ALS hat", sagte Roddy. „Und dann war er fort."

Ich fragte sie, ob sie jemals in dieser Zeit zornig auf Gott gewesen wäre, wenn man bedenkt, welche Tragödie sie gerade erlebte. Die Vorstellung war ihr so fremd, dass sie fast beleidigt schien, dass ich das gefragt hatte.

„Zornig auf Gott?", sagte sie. „Wisst ihr, wir haben nicht einmal gefragt: ‚Warum?‘ Wenn überhaupt, dann haben wir gefragt: ‚Warum nicht?‘"

Ihr Glaube an Jesus, sagte Roddy, habe ihnen die Gewissheit gegeben, dass Gott selbst diese Krankheit und schließlich auch Dees Tod zum Guten nutzen würde.

Und das hat er getan. Und tut es noch.

Zum Zeitpunkt der Diagnose waren er und Roddy bereits seit einem Jahrzehnt in der Ehearbeit unserer Gemeinde engagiert. Selbst als er schon auf den Rollstuhl angewiesen war, kam Dee noch zu den Teamtreffen und Veranstaltungen, entschlossen, seinen Glauben weiterzugeben, indem er Buchstaben in seinen Text-to-Voice-Simulator tippte. Tipp, tipp, tipp. Jesus kam auf diese Erde. Tipp, tipp, tipp. Er starb für unsere Sünden. Tipp, tipp, tipp. Er wurde auferweckt. Tipp, tipp, tipp. Und er sitzt zur Rechten des

Vaters. Tipp, tipp, tipp. Solange ich noch atmen kann –, tipp, tipp, tipp – werde ich diese gute Nachricht erzählen."

Während Roddy später ihre Ansprache hielt, betrachtete ich sie und bewunderte ihre Standfestigkeit und Offenheit, und mir wurde klar, dass etwas von dem Guten, das Gott durch all diese Dinge bewirkt hatte, uns alle und diesen Abend einschloss. Die Frauen sogen Roddys schwere Geschichte förmlich auf, und es blieb kaum ein Auge trocken.

„Ich kann noch immer nicht ganz akzeptieren, dass Dee fort ist, dass er nie wiederkommt", sagte sie. „Aber eines weiß ich: Sein Tod war kein Ende, sondern eine Verlängerung. Und ich bin entschlossen, solange dranzubleiben, bis ich herausgefunden habe, was alles mit dieser Verlängerung verbunden ist."

GESCHENKE, UM DIE WIR NICHT GEBETEN HABEN

C. S. Lewis schrieb: „Mein Argument gegen die Existenz Gottes lautete, die Welt sei grausam und ungerecht. Woher aber hatte ich meine Vorstellung von gerecht und ungerecht? Man kann eine Linie erst dann als krumm bezeichnen, wenn man weiß, was gerade Linien sind. Womit verglich ich diese Welt, wenn ich sie ungerecht nannte?"[49]

Vielleicht ist es purer Zufall, aber ich habe Folgendes beobachtet: Die meisten dankbaren Menschen, die ich kenne, sind Menschen, die viel Leid erlebt haben. Nein, das ist jetzt keine Empfehlung, dass wir uns jetzt bemühen, möglichst viel zu leiden, damit wir dann die Top Ten der Charts „Dankbare Zeitgenossen" anführen.

Aber es ist ein Plädoyer dafür, dass wir gründlich darüber nachdenken sollten, wie wir uns im Blick auf unsere langweiligen, banalen Jobs oder die dunkelsten Momente unseres Lebens verhalten. Wir müssen unsere Umstände nicht lieben, aber wir können uns entscheiden, offen zu sein für die unerwarteten Geschenke, die sie vielleicht mit sich bringen.

Als Zac mitten in seiner Depression steckte, gefielen mir Gottes Pläne überhaupt nicht, das weiß ich noch.

Als ich sprachlos neben meiner Schwester saß und nicht wusste, was ich sagen sollte, um ihren Schmerz zu lindern, da gefielen mir Gottes Pläne nicht.

Als Caroline am letzten Abend der Weihnachtsferien weinend im Bett lag, weil sie nicht die Kraft aufbrachte, sich am nächsten Tag in der Schule wieder mit ihrem LRS-Problem herumzuquälen, da gefielen mir Gottes Pläne nicht.

Als meine beste Freundin und Kollegin Hannah nicht mehr weiterwusste, weil ihr im Leben so viel fehlte – ein Freund, ein Mentor, eine Gruppe von Freundinnen, ein zuverlässiges Auto – da gefielen mir Gottes Pläne nicht.

Wenn Menschen, die mir nahestehen, mit zerbrochenen Ehen und nicht gehaltenen Versprechen kämpfen, mit Diagnosen und Verzweiflung, mit Jobverlust und Erschöpfung als Mutter, mit alten Eltern und verstörten Teenagern, dann fühlten sich Gottes Pläne nicht besonders wohlwollend an. In solchen Momenten fühlt sich das Leben bestenfalls grausam an.

Und doch.

Kennen Zac und ich Gott jetzt nicht viel besser – gerade wegen unserer Schwierigkeiten?

Hat Katie nicht neue Fähigkeiten in sich entdeckt, Gott zu vertrauen – gerade in den dunklen Tagen, auf ihren Knien?

Hat Caroline nicht gelernt, sich helfen zu lassen, weil sie ohne Hilfe nicht zurechtkommt?

Und waren die guten Wendungen in Hannahs Leben, die sich in diesem Jahr ereignet haben und die nicht zu erwarten waren, nicht umso köstlicher, als sie gewesen wären, wenn sie zuvor keinen Mangel erlebt hätte?

Und du und ich, wenn wir auf die härtesten Zeiten zurückblicken – können wir dann nicht sehen, dass sie auch das nachhaltigste Wachstum gebracht haben?

„Wir danken Gott auch für die Leiden", schreibt Paulus. „Denn Leid macht geduldig, Geduld aber vertieft und festigt unseren Glauben und das wiederum stärkt unsere Hoffnung. Diese Hoffnung aber geht nicht ins Leere. Denn uns ist der Heilige Geist geschenkt und durch ihn hat Gott unsere Herzen mit seiner Liebe erfüllt" (Römer 5,3–5).

Geduld und Charakter und eine Hoffnung, die der Heilige Geist stärkt – das sind die Kennzeichen von Menschen, die sich entschieden haben, dankbar zu sein.

⋆

Neulich bin ich mit ein paar Freundinnen zum Töpfern gegangen. Wenn man bedenkt, wie vielen Töpferinnen ich auf Instagram folge, hatte ich gedacht, ich wäre selbst eine fantastische Töpferin! Überraschenderweise – für mich zumindest – war ich das keinesfalls. Als ich hinging, hatte ich die Vorstellung, eine tolle handbemalte Vase im Landhausstil mit heimzubringen, aber was ich dann tatsächlich mitbrachte, war ein schiefer Krug in einem Schlammton.

Ich erzählte einer Töpfer-Freundin von dieser Enttäuschung und fragte sie, warum um alles in der Welt sie das Töpfern liebt, wo es doch zu so katastrophalen Ergebnissen führen kann.

„Genau das ist es!", sagte sie. „Du arbeitest hart und dann stellst du ein Stück in den Ofen. Du hast keine Vorstellung, wie es werden wird. Später öffnest du den Ofen mit angehaltenem Atem und fragst dich: Ist es in tausend Stücke zerborsten? Oder ist es das schönste Stück, das du je gesehen hast?"

Ja, das sind tatsächlich die beiden einzigen Optionen, oder? Nicht nur für Töpferwaren, sondern auch für uns. Wenn wir durchs

Feuer gehen, das im Leben unvermeidlich ist, werden wir gestärkt daraus hervorgehen oder zerbrechen?

Himmlischer Vater, hilf uns, in dieser Hinsicht weise zu wählen. Mögen wir als Menschen gesehen werden, die in den Flammen stehen und dich preisen.

WAS HABE ICH DENN SCHON
ZU BIETEN?

ICH HABE MIR EINE
AUSZEIT VERDIENT.

DAS KANN AUCH JEMAND
ANDERS TUN.

UND WER HILFT MIR?

ICH FINDE DOCH SOWIESO
KEINEN ANSCHLUSS.

LAUF DEIN RENNEN

Ich entscheide mich dafür,
für andere das Beste zu suchen

Zac ist gerade nicht da, und heute Morgen beim Versuch, die Kids zur Schule zu bringen, war ich an der Reihe mit einem Panikanfall, denn Cooper stiefelte mit Rucksack auf dem Rücken schulbereit zur Tür – in Socken. Er war drauf und dran, ohne Schuhe ins Auto zu steigen und anschließend wohl auch in die Schule zu gehen.

Wir waren bereits spät dran, weshalb seine älteren Geschwister bereits sehr gestresst waren. Weil Cooper sich trotz einer größeren Auswahl an Schuhen nicht entscheiden konnte, welche er tragen wollte, wurde es immer deutlicher, dass wir alle uns verspäten würden.

Ich dachte: *Wir kommen zu spät, Cooper, und es ist deine Schuld, dass deine Geschwister zu spät kommen.*

Ich dachte: *Es ist egoistisch, alle anderen zu spät kommen zu lassen, weil du dich wegen deiner Schuhe nicht entscheiden kannst.*

Ich dachte: *Ausgerechnet jetzt, wo Dad nicht da ist, musst du mich so herausfordern?*

Ich war auf dem besten Weg, in eine ausgesprochen emotionsgeladene Gedankenspirale abzudriften, und in dieser Situation machte ich den Mund auf und sagte das Unvorstellbare: „Wenn du nicht in 30 Sekunden mit Schuhen an den Füßen im Auto sitzt, BEKOMMST DU NICHTS ZU WEIHNACHTEN."

Phhhhh!

Was hatte ich da gerade gesagt?

Also, meine Erklärung war aus mehreren Gründen daneben. Erstens wusste ich, dass Cooper, selbst wenn er sich entschließen würde, die weniger geliebten Schuhe anzuziehen, sie nicht in 30 Sekunden anziehen, seine Sache zusammensammeln und im Auto sitzen konnte.

Zweitens, und das war das wirklich Schlimme, hatte ich gerade eine absolut absurde Drohung gegen ein Kind ausgesprochen, das ich liebe, eine Drohung, die ich doch niemals wahr machen würde!

Wie? Ich sollte Weihnachtsgeschenke für drei Kinder besorgen und Cooper dieses Jahr leer ausgehen lassen?

Irgendwann saß Cooper schließlich mit Schuhen an den Füßen im Auto und irgendwann fuhr ich ihn und die anderen zur Schule. Nachdem wir seine Geschwister abgesetzt hatten, entschuldigte der Ärmste sich für das Chaos, das er angerichtet hatte. Dann fragte er: „Sag mal, Mom, dass man Weihnachten nur Kohle im Strumpf findet – kommt das wirklich vor?"

Ugh.

Im Lauf meiner Einübung in die inneren Haltungen, die wir hier gemeinsam durchgegangen sind, habe ich angefangen, meine Gedanken und dann auch meine Gefühle und Verhaltensweisen im Zaum zu halten. Wie mein Ausbruch heute Morgen zeigt, bin ich darin bei Weitem noch nicht perfekt. Aber es hat doch deutliche Fortschritte gegeben.

Doch unser Ziel liegt auf einem Level, das noch einen Schritt weitergeht. Wir möchten so verzweifelt gern von dem Chaos in unserer Gedankenwelt befreit werden – aber befreit wozu?

Die Vorstellung von Freiheit, die in unserer Kultur vorherrscht, ist oft die, dass wir frei sind, zu tun, was immer wir wollen.

Ironischerweise ist es aber so, dass die Zeiten, in denen wir tun, was immer wir wollen, oftmals Zeiten sind, in denen wir am wenigsten zufrieden sind. Wir sind nicht dazu geschaffen, nur für uns selbst zu leben.

Ich denke an die 18 Monate, in denen der Zweifel mich gefangen hielt, und daran, wie sich anstelle meiner normalen Einsatzfreudigkeit eine gewisse Gleichgültigkeit in mir ausbreitete. Meine geistlichen Zweifel und meine Enttäuschung raubten mir meine Energie und den Wunsch, mich zu engagieren. Ohne eine Neigung zum Engagement für andere neige ich zu viel zu viel Netflix, viel zu viel Aktivitäten in sozialen Medien, zu viel Süßem, zu viel Kummer. Klicken, scrollen, naschen, heulen – und alles wieder von vorn.

Und weil der Teufel raffiniert ist, wurde mein Verlangen für all das in dieser Zeit stärker, während meine Leidenschaft für die Angelegenheiten Gottes und für die Seelen meiner Mitmenschen abnahm. Ich hatte keine Lust mehr, in den Supermarkt zu gehen, ganz zu schweigen davon, mit der Botschaft von der Gnade Gottes zu allen Völkern zu gehen.

Was ich in dieser Zeit erlebte, war in keiner Weise das Leben, wie es gelebt werden sollte. Wir alle, du und ich, wurden geschaffen, um eine aktive und entschlossene Rolle in Gottes ewiger Geschichte zu spielen. Bequemlichkeit schreibt dieses Skript komplett neu.

DIE VERLOCKUNG DER BEQUEMLICHKEIT

Bequemlichkeit bringt mit sich, dass man sich mit Mittelmäßigkeit zufriedengibt, die Dinge hinnimmt, wie sie sind, und am Status quo festhält. Sie ist der Grund für unsere Tendenz, uns auszuklinken, abzuschweifen und uns zu betäuben. Wenn das höchste Ziel im Leben für uns darin besteht, jeden Ärger zu vermeiden, warum soll ich dann nicht die ganze Pizza essen, die ganze Flasche Wein trinken, die ganze Packung Eiscreme vertilgen oder einfach den ganzen Tag im Bett bleiben?

Die Fragen, die dann unser Denken bestimmen, sind nicht mehr: Wie möchte Gott mich heute gebrauchen? und: Wem kann ich heute von Jesus erzählen? Stattdessen kreisen wir um Fragen wie:

Was will ich eigentlich?
Was brauche ich?
Wie bekomme ich, was ich brauche und was ich will?
Wozu habe ich heute Lust?
Was könnte mich glücklicher machen?
Was könnte mein Leben angenehmer machen?
Wie könnte ich besser aussehen?
Wie könnte ich besonders intelligent wirken?
Was schützt mich davor, verletzt zu werden oder meine Fehler ausbaden zu müssen?

Was macht mich zufrieden?
Das ist die Frage, um die alle zuvor genannten Fragen kreisen.

Ich vermute, wenige Dinge verschaffen dem Feind größere Genugtuung als unsere Versessenheit auf Behaglichkeit. Wenn wir voll und ganz mit den Dingen dieser Welt beschäftigt sind, sind wir für ihn keine Bedrohung.

Der inzwischen emeritierte Theologieprofessor D. A. Carson hat zu diesem Thema bemerkt:

Menschen zieht es nicht in Richtung Heiligkeit. Abgesehen von Anstrengungen, die von der Gnade gesteuert werden, werden Menschen nicht hingezogen zu Frömmigkeit, Gebet, Gehorsam gegenüber der Schrift, Glaube und Freude am Herrn. Wir treiben in Richtung Kompromiss und nennen das Toleranz; wir treiben Richtung Ungehorsam und nennen es Freiheit; wir treiben Richtung Aberglaube und nennen es Glaube. Wir schätzen die Disziplinlosigkeit verlorener Selbstbeherrschung und nennen das Entspannung; wir versumpfen in Gebetslosigkeit und machen uns vor, wir seien der Gesetzlichkeit entkommen; wir gleiten ab in die Gottlosigkeit und reden uns ein, wir seien befreit worden.[50]

Der Apostel Paulus gibt uns die Waffe der Wahrheit in die Hand, die uns von den samtgepolsterten Ketten der Gleichgültigkeit befreit: „Richtet eure Gedanken auf Gottes himmlische Welt und nicht auf das, was diese irdische Welt ausmacht" (Kolosser 3,2). Warum? Weil wir Menschen sind, die mit Christus begraben und im Glauben auferweckt wurden, und als solche sind wir für die Dinge dieser Welt bereits tot. Unser wahres Leben ist an Christus gebunden.

Mein Mann sagt gern, die Definition für Leiterschaft oder Führung sei *Initiative ergreifen für das Wohl anderer.* Wenn wir unsere Passivität ablegen und uns den Problemen und Bedürfnissen in unserer Umwelt zuwenden, dann stellen wir fest, dass unsere Gedanken auf Gottes Anliegen gerichtet sind. Gott ist nie passiv. Gott ist immer am Werk – für unser Wohl und für seine Ehre.

LÜGE: Ich kann tun, was ich will.

WAHRHEIT: Gott hat mich dazu befreit, mich für andere einzusetzen, nicht dazu, mich selbst zu verwöhnen.

Durch Christus seid ihr dazu berufen, frei zu sein, liebe Brüder und Schwestern! Aber benutzt diese Freiheit nicht als Deck-

mantel, um eurem alten selbstsüchtigen Wesen nachzugeben.
Dient vielmehr einander in Liebe. (Galater 5,13)

Ich entscheide mich dafür, nicht zuerst meine Bequemlichkeit zu suchen, sondern mich für das Wohl anderer einzusetzen.

AUFRUF ZUM HANDELN

Ich denke daran, wie Jesus ein Gleichnis erzählt, um seinen Jüngern – und in der Folge auch uns – zu sagen, sie sollten „dienstbereit bleiben und darauf achten, dass ihre Lampen brennen, und sein wie Diener, die darauf warten, dass ihr Herr von einer Hochzeit zurückkommt, damit sie ihm, wenn er klopft, schnell öffnen können" (Lukas 12,35–36).

Seid dienstbereit!
Achtet darauf, dass eure Lampen brennen!
Wartet auf die Rückkehr eures Herrn!

Und dieses Warten dürfte anders sein als das Warten, das du und ich normalerweise praktizieren – die Hoffnung, dass der Pizza-Service endlich aufkreuzt.

Und Jesus fährt fort – und das ist der Punkt, um den es mir geht. „Ja, glücklich schätzen können sich alle, die der Herr bei seiner Rückkehr wach und dienstbereit antrifft! Ich versichere euch: Der Herr wird sie bitten, am Tisch Platz zu nehmen, und er selbst wird sich eine Schürze umbinden und sie bedienen" (Lukas 12,37).

Versteht ihr, aus diesem Grund ist der Grundsatz wahr, den Jesus nennt: „Geben ist seliger als Nehmen" (Apostelgeschichte 20,35). Wenn wir beharrlich Ausschau halten nach Gelegenheiten zum Dienen, wenn wir unser Leben in der *Bereitschaft* für den Ruf

Gottes leben, dann sind wir es, denen am Ende gedient wird. Unser Herr wird sich um alle unsere Bedürfnisse kümmern.

Warum ist es wichtig, dass wir uns für den Einsatz für andere Menschen entscheiden und nicht für die Bequemlichkeit? Wie hilft es uns, wenn wir die Initiative für das Wohlergehen anderer ergreifen, unsere negativen Gedanken in neue Bahnen zu lenken? Was wartet auf denjenigen, der konsequent für andere aktiv ist?

Sollten wir unseren eigenen Problemen überhaupt Beachtung schenken oder sollten wir einfach so tun, als gäbe es sie nicht? Und wenn wir müde sind? Wenn wir überfordert sind? Was ist, wenn uns einfach nicht danach ist, Gutes zu tun? Tun wir einfach lange genug engagiert, bis wir es schließlich wirklich sind? Oder gibt es einen authentischeren Weg?

Als Menschen, die Christus folgen, müssen wir diese Fragen für uns selbst beantworten, denn das, was wir über Einsatz und Arbeit denken, könnte ja auch im Widerspruch zu den guten und kreativen Plänen stehen, die Gott für uns hat.

GOTT LIEBT ARBEIT

Ein Hauptgrund für einen Menschen, der Gott liebt, den Einsatz für andere seiner eigenen Bequemlichkeit vorzuziehen ist der, dass Gott der Arbeit einen hohen Wert zumisst. Gott liebt die Arbeit, wie seine Taten am Anfang der Zeit beweisen. Wie wir schon in dem Kapitel über Zynismus sahen, hatte Gott ganz offensichtlich Freude an seinen schöpferischen Aktivitäten und behandelte die Arbeit als das Geschenk, das sie ist. Aus purem Übermut schuf er diese Pfauen, aber auch Giraffen, Schnabeltiere und so viel mehr. Er arbeitete und der Antrieb für diese Arbeit war die reine Freude.

Und weißt du was? In ihm kann die Arbeit auch für uns eine Freude sein. Gott hat uns zu Verwaltern der Aufgaben eingesetzt,

GEFÜHL

Stress

FOLGE

Wirksamkeit

GEDANKE

Ich kann tun,
was ich will.

BEZIEHUNGEN

Liebevoll und
freigiebig.

VERHALTEN

Immer auf den
eigenen Vorteil
aus

VERHALTEN

Einsatz für das
Wohl anderer

BEZIEHUNGEN

Selbstbezogen

GEDANKEN

Gott hat mich dazu befreit,
mich für andere einzuset-
zen, nicht dazu, mich selbst
zu verwöhnen.

ICH ENTSCHEIDE MICH,
MICH FÜR DAS WOHLERGEHEN
ANDERER EINZUSETZEN.

FOLGEN

Gelangweilt

GEFÜHL

Stress

die er uns gegeben hat. Und Gott ist unser liebevoller Herr, dem wir vertrauen und den wir achten. Und wir arbeiten für seine Ehre, nicht für die von irgendjemand anderem (1. Mose 1,28; Matthäus 25,14–30; Kolosser 3,23–24).

Wir verstehen intuitiv, dass das wahr ist. Ich meine, wir können es doch ruhig zugeben: Eine Stunde lang oder auch zwei (oder drei) fühlt es sich gut an, Chips und Salsa-Dip zu verputzen und sich derweil durch alle möglichen sozialen Medien zu scrollen, aber irgendwann kommt doch der Punkt, an dem man nervös wird und es einen nicht mehr auf dem Sofa hält, oder? Oder verlangt deine Seele nicht irgendwann nach etwas anderem?

Wisst ihr, was unsere Seele uns dann sagt? Sie sagt: *Das hier bringt's einfach nicht mehr für mich!*

Natürlich bringt's das nicht mehr für dich, denn solange du dich nur um dich selbst drehst, wird es nie genug sein. Tatsache ist: Unser Gehirn ist so konstruiert, dass es auflebt, wenn wir etwas für andere tun. Unbewusst streben wir vielleicht danach, dass unsere Bedürfnisse befriedigt werden und dass andere etwas für uns tun, aber Studien haben gezeigt, dass unser Gehirn tatsächlich viel besser funktioniert, wenn wir Gebende sind und nicht Empfangende.

Unser Einsatz für andere reduziert die Aktivität in den Hirnregionen, die auf Stress und Bedrohung reagieren.[51]

Menschen, die wissen, wofür sie leben, schlafen besser und leben länger.[52]

Einsatz für andere aktiviert eine Hirnregion, die zu dem Belohnungssystem des Gehirns gehört,[53] das uns zu erkennen hilft, was uns Freude macht, und dem auch nachzugehen, wie ein gutes Essen, ein ermutigendes Gespräch mit einer Freundin oder eine Umarmung von einem Angehörigen oder guten Freund.

Du und ich, wir wurden maßgefertigt dafür, in der Ewigkeitsgeschichte Gottes eine Rolle zu spielen und darin einen tiefen Sinn zu erleben. Wir sind nicht dafür gemacht, unsere Zeit mit Snacks und Filmen zu vertrödeln. Wir wollen mehr als das und dafür gibt es einen Grund. Gott hat uns so geschaffen, dass wir nach so viel mehr verlangen.

HINGABE UND GEHORSAM

Es ist schwer, die ganze Bibel zu lesen, ohne deutlich zu sehen, was Gott von denen erwartet, die sagen, sie lieben ihn, von denen, die ihm sagen: „Ich möchte, dass in meinem Leben dein Wille geschieht."

Möchtest du wissen, was der Wille Gottes für dein Leben ist? Ich nenne ihn dir in drei kurzen Worten:

Hingabe.
Und Gehorsam.

Das war's. Wie viele Bücher wurden nicht schon darüber geschrieben, wie man den Willen Gottes erkennt, aber – wummm! – hier ist er klipp und klar: „Wer mein Jünger sein will, darf nicht mehr sich selbst in den Mittelpunkt stellen, sondern muss sein Kreuz täglich auf sich nehmen und mir nachfolgen" (Lukas 9,23).

Im beschränkten System unserer menschlichen Natur glauben wir, Freiheit bedeute, so zu leben, wie es uns passt. Aber in Wahrheit finden wir Freiheit darin, dass wir unser Leben Gott zur Verfügung stellen, dem Gott, der uns geschaffen hat, der uns kennt und der uns in die Gemeinschaft mit ihm aufgenommen hat. Es ist diese Haltung der Hingabe, die in uns den Wunsch entstehen lässt, ihm zu gehorchen.

Machen wir uns also klar: Gehorsam gegen Gott ohne diese vorbehaltlose Hingabe ist so, als würden wir seelenlos wie ein Roboter Regeln befolgen. Hingabe an Gott ohne Gehorsam entspricht einem

ICH ENTSCHEIDE MICH FÜR EIN LEBEN MIT VISION.

Glauben ohne entsprechende Taten. Und das ist nach Jakobus 2,17 ein toter Glaube.

Nein, um die Fülle zu leben, die uns in Johannes 10,10 verheißen wird, müssen wir beide Zutaten zu gleichen Teilen aufbringen: Hingabe und Gehorsam, Gehorsam und Hingabe.

Wir gehen dorthin, wohin Gott uns schickt.

Wir bleiben, wenn Gott sagt, wir sollen bleiben.

Wir sind ganz Ohr, wenn Gott unseren Namen flüstert.

Wir dienen, wenn er uns bittet zu dienen.

Wisst ihr, wir neigen dazu, das irdische Leben von Jesus zu verklären, als sei jeder Augenblick seiner Existenz hier auf Erden überglänzt gewesen von Begeisterung und feuriger Motivation. Ja, es gab definitiv während dieser drei Jahre bemerkenswerte Ereignisse. Mir fällt da eine Szene ein, in der es um ein paar Brote und Fische ging.

Manchmal nimmt man Notiz von unserem Einsatz. Manchmal geschieht er öffentlich, und die Leute zollen uns Beifall, wie es bei vielen Wundern und Heilungen der Fall war, die Jesus vollbrachte.

Aber manchmal geschieht unser Einsatz unbemerkt. Er geschieht in einem mitfühlenden Gespräch oder in einer gemeinsamen Mahlzeit. Jesus hat einen Großteil seines Lebens damit verbracht, mit einer kleinen Gruppe Menschen in einem kleinen Raum bei einem einfachen Essen zusammenzusitzen, über Vergebung und über Gnade zu sprechen, wahrzunehmen, wo jemand litt, und sich für die Armen einzusetzen.

Kein Rampenlicht.

Nichts, was allen gefiel.

Nichts, was die Schlagzeilen der Abendnachrichten beherrschte.

Nur ein ganz gewöhnliches Leben mit dem Gott, der sich beständig herunterneigt, um die Bedürfnisse von Menschen zu stillen.

Und so wischen wir Frühstückstische ab und sprechen wohlwollend über jemanden, der kritisiert wird, und schreiben Dankeschönkärtchen und erstellen Kalkulationen und beziehen Position gegen Ungerechtigkeiten und kochen Kaffee und entschuldigen uns für etwas, das wir gesagt haben, und nehmen schluchzende Teenager in den Arm und wechseln Windeln und kümmern uns um Klienten und zeigen einem Vorschulkind, wie man Schnürsenkel bindet. Wir tun all diese Dinge und noch eine Zillion anderer – und das alles, weil Gott uns dazu anstiftet.

Während wir zur Ehre Gottes unsere Kalkulation erstellen, während wir als Dienst für Gott und an unseren Leuten den Tisch abwischen, haben wir nicht mehr so viel Zeit für uns selbst.

Das ist der Akt der Hingabe.

Das ist die Entscheidung für den Gehorsam.

Das ist die Freude der Selbstvergessenheit.

Aber große Dinge zu vergessen, ist schwierig. Vor allem uns selbst.

Und so müssen wir unseren Blickwinkel ändern. Denn wisst ihr, es gibt einen größeren Plan für unser Leben, und der sieht so aus: Wir unterbrechen die Denkspirale des Kreisens um uns selbst und das Muster der Bequemlichkeit, wenn wir den Blick von uns selbst abwenden, ihn auf Jesus richten und das Rennen laufen, zu dem wir berufen sind.

Welches Rennen läufst du? Bist du überhaupt noch in der Spur? Trittst du auf der Stelle? Starrst du auf deine Füße? Wo bist du gerade in deinem Lauf?

Jetzt möchte ich dich zur Seite nehmen und dir noch etwas sagen: Wenn du anfängst, für das Reich Gottes Risiken einzugehen und dir die Seele aus dem Leib zu rennen, wird der Feind alles tun, was in seiner Macht steht, um dich zu entmutigen. Der Feind ist entzückt, wenn er uns davon abhalten kann, Gott anzubeten, davon, dass wir unser Rennen laufen, denn er weiß: Wenn wir hier unserem Lebenszweck entsprechend leben, ist das eine direkte Folge unserer Liebe zu Gott, unserer ungeteilten Hinwendung zu ihm. Wenn du auf Jesus schaust, bist du so berührt von seiner Liebe, so bewegt von seiner Gnade, so bewegt von dem, was er für uns getan hat, dass du nicht mehr an dich halten kannst.

Und so verschenkst du dich an ihn. Genau so sollen wir leben.

ZIELSTREBIGER EINSATZ

Der Hebräerbrief sagt. *„Lasst uns alles ablegen, was uns in dem Wettkampf behindert, den wir begonnen haben – auch die Sünde, die uns immer wieder fesseln will. Mit Ausdauer wollen wir auch noch das letzte Stück bis zum Ziel durchhalten. Dabei wollen wir nicht nach links oder rechts schauen, sondern allein auf Jesus. Er hat uns den Glauben geschenkt und wird ihn bewahren, bis wir am Ziel sind"* (Hebräer 12,1–2).

Früher habe ich gedacht, dass die drei Schlüsselworte in diesem Abschnitt eine lineare Abfolge bilden: Man tut erst das eine, dann das Nächste, dann das Nächste. Ich dachte, ich müsste (zuerst) meine Sünde ablegen – meine negativen Muster, meine verletzenden Verhaltensweisen, meine schreckliche Selbstbezogenheit –, um dann (zweitens) meinen Wettkampf kämpfen zu können, damit ich (drittens) dann endlich Jesus sehen könnte, der wahrscheinlich hocherfreut sein würde, dass ich die beiden ersten Aktionen hinter mich gebracht hatte.

Aber so läuft es bei Jesus überhaupt nicht, und das sagt mir, dass ich diese Verse falsch verstanden hatte.

Du wirst dich erinnern: Nach Römer 5,8 starb Jesus für uns „als wir noch Sünder waren". Wir wissen alle: Wenn wir warten, bis jede Sünde, die uns behindert, überwunden ist, dann werden wir diesen Wettkampf nie beginnen! Gott verändert uns durch seinen Geist, damit wir „ihm immer ähnlicher werden und immer mehr Anteil an seiner Herrlichkeit bekommen" (2. Korinther 3,18), aber das geschieht nicht auf einen Schlag. Das heißt also, dass wir nicht mal unsere Sünde loswerden können, bevor wir in diesen Wettkampf eintreten.

Was wäre, wenn all diese Dinge gleichzeitig geschehen? Das würde die Bedeutung unseres Lebensauftrags verändern. Was, wenn wir für den guten Lauf geschaffen wären? Und im Laufen richten wir unseren Blick auf Jesus, weil wir das müssen – wir brauchen ihn! –, und unsere Sünde und unsere Ablenkungen bleiben auf der Strecke. Sündenvermeidung ist nicht das, wofür Jesus starb. Wenn wir aber laufen, scheitern, Vergebung finden, weiterlaufen immer mit dem Blick auf Jesus, werden wir uns von Herzen wünschen, unsere Sünde zu bekennen und zu bereinigen. Denn das nicht zu tun hieße, unseren Lebensauftrag zu behindern.

Seht ihr, wie radikal dieser Perspektivwechsel ist? Wir laufen – wir engagieren uns für andere – und indem wir das tun, verlieren unsere Sünde und unsere Ablenkungen ihre Macht über uns, sodass es leichter wird, unseren Blick auf Christus gerichtet zu halten.

Vielleicht darf ich es so sagen: Wenn man mich auf Diät setzte und mir sagte, dass ich einen Monat lang keinen Cheeseburger essen darf, woran werde ich dann wohl den ganzen Monat denken?

An Cheeseburger.

Ich mag Cheeseburger noch nicht mal besonders gern. Ich meine, sie sind okay, aber es ist nicht so, dass ich den ganzen Tag an nichts anderes denken könnte.

Aber verbiete mir einen Cheeseburger und sofort will ich unbedingt diesen Cheeseburger.

Willkommen im menschlichen Denksystem.

Wenn wir versuchen, Sünde zu vermeiden, indem wir uns jeden Tag aufs Neue vornehmen, nicht zu lügen oder nicht zu schummeln oder nicht zu stehlen oder das dritte Glas Wein nicht zu trinken oder die neuen Klamotten nicht vor dem Ehepartner zu verstecken oder die Kostenaufstellung im Job nicht zurechtzubiegen oder nicht noch mal an den Kühlschrank zu gehen, nachdem alle anderen im Bett sind, … nun, ratet mal, worauf wir uns konzentrieren werden?

Weit besser ist es, uns auf das zu konzentrieren, was uns vorwärtszieht, als auf das, was uns nicht zurückwirft.

Dieser eine Gedanke – ich entscheide mich, mich für andere zu engagieren – leitet uns, für Jesus Risiken einzugehen, und das wiederum führt dazu, dass wir den Blick von uns selbst abwenden und zur Abwechslung mal die Belange anderer wahrnehmen, was wiederum dazu führt, dass wir zur Ehre Gottes aktiv werden, was dazu führt, dass wir mehr und mehr auf die göttliche Kraft vertrauen, die uns von unserem Vater geschenkt wird, was dazu führt, dass unsere Sehnsucht, ihn anzubeten, sich vertieft. Diese Augenblicke rückhaltloser Anbetung lassen in uns die Sehnsucht nach noch größeren geistlichen Abenteuern wachsen, die uns wiederum dazu bereit macht, ein weiteres Risiko einzugehen.

Dieses Risiko führt zu mehr Einsatz für andere, noch größerer Abhängigkeit von Gott und so weiter.

Also, das ist eine Spirale, hinter der ich stehen kann.

Aber diese Spirale wird nur dann in Gang gesetzt, wenn wir uns entscheiden, den guten Lauf zu laufen.

Bis wir uns entscheiden, uns für andere zu engagieren.

Bis wir aufhören, unseren persönlichen Komfort an die erste Stelle zu setzen, und stattdessen helfen, die Nöte anderer zu lindern.

Wenn wir uns für andere einsetzen, verändert sich alles. Und zwar zum Besseren – und das schnell.

Ich glaube, Zielstrebigkeit wächst uns zu, wenn wir Risiken für Gott eingehen, wenn wir unsere Komfortzone verlassen und auf die Dinge zugehen, zu denen er uns berufen hat. Wenn wir das Rennen laufen, in das wir gestellt sind. Wir brauchen Gott, und wir haben keine Zeit für unsere Sünde und irgendwelches Gepäck und unsere Belastungen, weil wir uns bemühen, unserem Gott zu folgen und ihm zu gehorchen und die wichtige Arbeit zu tun, die sich an einem ganz normalen Tag auch sehr unbedeutend anfühlen kann.

Der Footballtrainer meines Mannes sagte oft: „Du kannst Fehler machen. Fehler können wir korrigieren. Aber du solltest besser 110 Prozent in deine Aufgabe investieren. Denn ohne Anstrengung wird nichts passieren."

Meine Freundinnen, du und ich, wir müssen Menschen sein, die sich entschlossen von ihrer Bequemlichkeit abwenden und die den Kontakt zu Gott mehr wollen als sonst etwas auf der Welt. Eine solche Hingabe befreit uns von jeder Sorge darum, dass wir Fehler machen könnten oder dass wir anders sind als alle anderen in unserem Umfeld.

Der erste Korintherbrief ist in dieser Hinsicht sehr deutlich. Wenn du ein Ellenbogen bist, und du bist dieser Ellenbogen nicht in der Gemeinde, geht es dem ganzen Leib Christi nicht gut. Das sollte uns nervös machen! Es sollte uns in gewisser Weise aufregen, denn wir sollten uns fragen, ob wir vielleicht den ganzen Leib Christi krank machen.

Das ist es, worauf ich immer wieder zurückkommen musste, wenn mich Zweifel beschlichen und ich mich fragte, ob ich in meinem Engagement vielleicht meine Kraft vergeudete. Nein, hier ging es nicht um mich. Meine Aufgabe bestand darin, Gott zu gehorchen, und seine Aufgabe war es, Leben zu verändern.

Vielleicht gehörst du zu den wenigen, die schon so leben.

Vielleicht läufst du deinen Wettlauf und niemand klatscht Beifall, aber du bemerkst es nicht einmal, weil deine Augen auf Jesus ausgerichtet sind und es Menschen gibt, die dich brauchen.

Aber wahrscheinlicher ist, dass du dich zurückhältst. Denn leider glauben wir oft, dass unsere Fähigkeiten nicht genügen, und so geben wir auf und leben ein bequemes Leben. Niemand hat uns die Erlaubnis erteilt, also tun wir nicht das, wozu Gott uns berufen hat. Wir verpassen unsere Rolle in der größten Geschichte der Menschheit.

Könnt ihr euch vorstellen, wie ineffektiv das Wirken von Jesus ausgesehen haben muss, wenn er nicht gerade Wunder tat? An den meisten Tagen hat er einfach mit den Menschen gegessen, Geschichten erzählt, die nicht auf Anhieb Sinn ergaben, und die religiös einflussreichen Menschen vor den Kopf gestoßen. Dann wurde er getötet – wenn das kein Scheitern ist! Aber Gott hatte noch etwas vor und Jesus kannte sein letztes Ziel. Deshalb kümmerte es ihn nicht, wie sein Tun auf die Menschen in seinem Umfeld wirkte. Und uns sollte diese Frage auch nicht kümmern. Wer sind wir, dass wir beurteilen könnten, was Gott vorhat? Wer sind wir, dass wir beurteilen könnten, ob es für das Reich Gottes bedeutsam ist?

Wir reden von übernatürlicher, ewiger Lebensveränderung. Wer sind wir, dass wir beurteilen könnten, ob unser Lebensbeitrag Sinn hat? Was, wenn wir anfangen, zu sagen: „Gott, ich werde heute tun, was immer du sagst! Alles. Ich bin dabei." Und wenn jede von uns das täte, dann wären wir bald fassungslos angesichts der Dinge, die in unserem Leben und in dieser Welt geschehen würden, davon bin ich überzeugt.

DER WETTLAUF ZUM KREUZ

Der nächste Vers im Hebräerbrief lautet: *„Weil große Freude auf ihn wartete, erduldete Jesus den Tod am Kreuz und trug die Schande, die damit verbunden war. Jetzt hat er als Sieger den Ehrenplatz an der rechten Seite Gottes eingenommen. Vergesst nicht, wie viel Hass und Anfeindung er von gottlosen Menschen ertragen musste, damit auch ihr in Zeiten der Verfolgung nicht den Mut verliert und aufgebt"* (Hebräer 12,2–3).

Jesus wurde Mensch. Und er richtete seinen Blick auf eine bestimmte Freude, die vor ihm lag, die Freude für immer mit uns vereint zu sein und Menschen mit sich zu versöhnen. Er wusste, dass das Kreuz der Weg zur Freude war. Und er wusste, dass er lebte, um die Menschheit zu retten. Er hatte einen großen Auftrag: Er sollte die Welt retten.

Selbstentäußerung war Teil dieses Auftrags. Heilig und vollkommen zu sein, war Teil dieses Auftrags. Die Gestalt eines Menschen anzunehmen war Teil dieses Auftrags. Er tat das alles, um uns Gott zu offenbaren, um uns zu offenbaren, auf welche Weise wir gerettet werden sollten. Seine Selbstentäußerung geschah nicht nur am Kreuz; sein ganzes Leben sagte: „So werdet ihr auch leben!"

Wie oft gehen wir zu Jesus als dem Retter unserer Seele. Aber wenn es darum geht, wie wir leben, nehmen wir ihn uns nicht zum Vorbild. Ich möchte ein wenig weiter ausführen, wie es aussieht, in der Geisteshaltung von Jesus zu leben, zielstrebig zu sein, ganz auf eines ausgerichtet, ein Herz zu haben wie Jesus, ein gutes Leben zu leben.

Du wirst eine Dienende. Du stellst die Interessen anderer über die eigenen. Was immer Gott sagt, du tust es.

Paulus wusste das: „Weder Eigennutz noch Streben nach Ehre sollen euer Handeln bestimmen. Im Gegenteil: Seid bescheiden und achtet den anderen mehr als euch selbst. Denkt nicht an euren eigenen Vorteil. Jeder von euch soll das Wohl des anderen im Auge haben. Nehmt euch Jesus Christus zum Vorbild" (Philipper 2,3–5).

Die Bibel ist hier ganz deutlich: Jesus „ist nicht gekommen, um sich bedienen zu lassen. Er kam, um zu dienen und sein Leben als Lösegeld hinzugeben, damit viele Menschen aus der Gewalt des Bösen befreit werden" (Markus 10,45). Und es gibt keine wirksamere Demonstration dieser Wahrheit als die Weise, wie Jesus sich selbst erniedrigte, den Himmel verließ und ein verletzliches Baby wurde, ungerechte Anklagen ertrug und den Tod an einem römischen Kreuz erduldete.

Der Lauf, an dem Jesus teilnahm, verlangte es, sich selbst zu erniedrigen, alle vergangene und gegenwärtige und zukünftige Sünde der Menschheit auf sich zu nehmen und drei Tage lang im Grab zu liegen.

Und doch.

Erinnern wir uns, was Hebräer 12 ganz deutlich macht: Er tat all das und verlor doch nie die Freude. „Weil große Freude auf ihn wartete", sagt Vers 2, „erduldete Jesus den Tod am Kreuz und trug die Schande, die damit verbunden war. Jetzt hat er als Sieger den Ehrenplatz an der rechten Seite Gottes eingenommen."

Jesus wusste, dass es bei diesem Rennen um einen riesengroßen Auftrag ging.

Er wusste, dass es ihn direkt ans Kreuz bringen würde.

Aber er wusste auch noch etwas anderes: Den Auftrag zu erfüllen, den zu erfüllen Gott ihn gebeten hatte, war die Art und Weise, wie er das denkbar Beste aus seinem Leben machen konnte. Also wählte er diesen Weg.

„Weil große Freude auf ihn wartete." Diese Freude gibt es wirklich und sie wartet auch auf uns. Wir haben eine Zukunft und eine Hoffnung in Christus. Wir sind dazu befreit zu dienen, damit unser Leben alle Menschen auf die Freude hinweist, die wir jetzt schon erleben, und auf die Freude, die noch kommt.

Ich kann mir keine bessere Weise vorstellen, mein Leben zu leben.

Teil III

DENKEN, WIE JESUS DENKT

WER, GLAUBST DU, BIST DU?

Mein ältestes Kind hat dieses Jahr sein Studium begonnen, und wie jede hingebungsvolle Mutter habe ich versucht, in den Wochen, bevor Conner auszog, noch jede letzte Lebenslektion in seine geschätzten Hirnwindungen hineinzupressen. Hier ist der Kern meiner letzten Ansprache, gehalten, während Conner neben mir auf dem Beifahrersitz saß:

„Conner, du bist Licht. Ich weiß das, weil ich Gott in dir gesehen habe. Ich habe gesehen, wie du von einem selbstbezogenen Teenager zu einem jungen Mann geworden bist, der seine Überzeugungen hat, zu einem jungen Mann, der auf Gott hört und ihm antwortet. Du liebst Menschen. Du stellst die Interessen anderer über deine eigenen. Und das alles ist Beweis dafür, dass Gott in dir lebt.

Du bist wirklich Licht. Das ist eine Tatsache. Es ist dein gottgegebenes Wesen, denn du bist ein Kind Gottes.

Und du bist unterwegs hinein in eine ziemlich schwarze Finsternis.

Es wird Zeiten geben, in denen du handelst, als wärst du Finsternis. Aber du wirst niemals in der Finsternis zu Hause sein."

Ich wollte gern, dass diese kraftvollen Wahrheiten sich in Conners Denken festsetzten. Und dasselbe wünsche ich mir für dich und mich. Denn nur indem wir mit allem, was in uns ist, an diesen Wahrheiten festhalten, können wir in der Schlacht um unser Denken von Augenblick zu Augenblick siegreich bleiben.

Ihr wisst ja, in dem Augenblick, in dem wir Jesus als Herrn über unser Leben annehmen, sind wir neue Geschöpfe. Aber das ist auch der Punkt, an dem der Feind beschließt, gegen uns zu Felde zu ziehen. Uns wird zwar Macht und Autorität über unser Denken und unser Leben und sogar über die Dunkelheit, die gegen uns aufsteht, verliehen, aber wir haben auch einen erbitterten Kampf gegen Sünde und Dunkelheit zu kämpfen, wenn wir ihnen nicht ins Netz gehen wollen.

Paulus entwirft in Philipper 3 die folgende Vision für uns:

Es gibt da draußen viele, die andere Wege gehen, andere Ziele verfolgen und versuchen, euch auf ihre Seite zu ziehen … Sie hassen das Kreuz von Christus. … Sie machen ihren Bauch zu ihrem Gott. … Alles, woran sie denken können, sind ihre Gelüste.
Aber für uns geht es im Leben um weit mehr. Wir sind Bürger des höchsten Himmels! Wir warten auf die Ankunft des Retters, des Meisters, Jesus Christus, der unsere Erdenkörper in herrliche Körper wie den seinen verwandeln wird. Wunderschön und heil wird er uns machen mit derselben machtvollen Kunst, durch die er alles so ordnet, wie es sein sollte, unter ihm und um ihn. (Philipper 3,18–21; nach The Message)

Nichts hat mehr Schubkraft, um unser Denken umzuschalten, als zu wissen, wer wir sind und welche Macht und Autorität uns gegeben ist.

DENKEN WIE CHRISTUS

Als aber die von Gott festgesetzte Zeit kam, erinnert uns Galater 4,4–7,

sandte er seinen Sohn zu uns. Christus wurde wie wir als Mensch geboren und den Forderungen des Gesetzes unterstellt. Er sollte uns befreien, die wir Gefangene des Gesetzes waren,

240

damit wir zu Kindern Gottes werden und alle damit verbunde-
nen Rechte empfangen konnten. Weil ihr nun seine Kinder seid,
schenkte euch Gott seinen Geist, denselben Geist, den auch der
Sohn hat. Jetzt können wir zu Gott kommen und zu ihm sagen:
„Abba, lieber Vater!" Ihr seid also nicht länger Gefangene des
Gesetzes, sondern Söhne und Töchter Gottes. Und als Kinder
Gottes seid ihr auch seine Erben, euch gehört alles, was Gott
versprochen hat.

Wir sind nicht länger Sklaven der Sünde, wir sind zu Kindern Gottes geworden. Diese erstaunliche Wahrheit in ihrer ganzen Dimen-
sion zu erfassen, wird uns vermutlich beschäftigen, bis wir im Himmel sind.

Aber wir müssen es versuchen, denn sie verändert alles im Blick
auf unser Leben. Als Kinder Gottes, die vom Heiligen Geist erfüllt
sind, haben wir den Geist von Christus, schreibt Paulus in 1. Korinther 2,16. Die Frage ist, ob wir auch Gebrauch von ihm machen, um
die Gedanken zu denken, die Jesus denken würde.

Nehmen wir alle Gedanken gefangen und üben uns täglich darin,
zu denken, wie Christus denkt?

Teil zwei dieses Buches beschäftigte sich mit den Entscheidungen, die wir treffen können, um unser Denken von selbstzerstöre-
rischen, selbstabwertenden Gedanken zur Wahrheit über Gott und
zur Wahrheit über uns selbst umzuschalten. Alles drehte sich darum, unser Denken zu schulen und eine Wahl zu treffen – eine
Wahl, zu der uns derselbe Geist ermächtigte, der Jesus zu den Entscheidungen führte, die er traf.

Mit anderen Worten:

Weil Jesus sich von der Menge zurückzog, um mit seinem Vater
allein zu sein, kannst du wählen, vor Gott in die Stille zu gehen,
statt dich abzulenken.

Weil Jesus beschloss, in Gemeinschaft mit zwölf Männern zu leben, bevor er zum Himmel aufstieg, kannst du beschließen, dass Menschen dir nahekommen dürfen, statt dich zu isolieren.

Weil Jesus in dem Augenblick tiefsten Schmerzes seinem himmlischen Vater vertraute, bevor er den Weg ans Kreuz ging, kannst du die Wahl treffen, dich nicht mehr vor der Zukunft zu ängstigen und Gott zu vertrauen.

Weil Jesus allen Grund hatte, wegen der Zerstörtheit dieser Welt zynisch zu werden, aber sich immer wieder dafür entschied, Sünder zu lieben, kannst du dich dazu entscheiden, an Gott und an den Menschen, mit denen du zusammenlebst, deine Freude zu haben.

Weil Jesus den Sieg über Sünde und Tod errungen hat und uns durch seine Liebe zu „überlegenen Siegern" gemacht hat, kannst du dich entschließen, dankbar zu sein, egal, wie die Umstände sind (Römer 8,37 NEÜ).

Weil Jesus uns nicht allein zurückließ, sondern uns den Heiligen Geist als Beistand versprochen hat, kannst du dich entscheiden, deine vier Wände zu verlassen und etwas zu tun.

Weil Jesus all diese Dinge gewählt hat, können du und ich dasselbe tun.

Obwohl ich in den naturwissenschaftlichen Fächern auf der Highschool immer gute Noten hatte, mochte ich diese Fächer nicht. Aber heute sagt mir meine innere Stimme, dass ich, wenn ich noch einmal zu diesen Biologie-, Chemie- und Geologiestunden zurückkehren könnte, ich sie lieben würde. Je länger ich lebe, umso mehr möchte ich verstehen, wie alles funktioniert. Je näher ich Gott komme, umso faszinierter bin ich davon, wie kunstvoll unser Körper und unser Geist erdacht sind.

Leistet mir einen Moment Gesellschaft und lasst euch davon mitreißen: Jeder Gedanke zählt.

Jeder Gedanke, den du denkst, zählt eine Menge. Das sage ich nicht nur einfach so, das ist wissenschaftlich belegt.

Wissenschaftlich gesehen ist es so: Jeder Gedanke, den wir denken, verändert unser Gehirn. Lasst es mich erklären.

Das Gehirn umfasst circa 86 Milliarden Nervenzellen, die sogenannten Neuronen.[54] Wenn du mitrechnest, sind das ungefähr 0,2 Prozent der 37 Billionen Zellen unseres Körpers. In jeder dieser 86 Milliarden Neuronen sind Mikrotubuli, die in ihrem Umfang nur tausendstel Bruchteile vom Umfang eines einzigen Haars messen. Mit anderen Worten, sie sind viel zu klein, um sie sehen zu können. Aber dass das menschliche Auge sie nicht sehen kann, macht sie nicht weniger bedeutsam für die menschliche Erfahrung. Im Gegenteil: Sie bedeuten alles für die Weise, wie wir das Leben verarbeiten.

Mikrotubuli werden auch als *das Gehirn der Zelle* bezeichnet. Man kann sie mit Legosteinen vergleichen, die man frei zusammensetzt.[55] Jedenfalls tue ich das, wenn ich sehe, wie mein Sohn die Bauanleitungen der neuen Legopackungen weglegt und lieber vor den Stapeln bunter Steine sitzt und sich nur auf seine Fantasie verlässt, um zu erkennen, wie sie zusammengesetzt werden wollen.

Nehmen wir an, du willst ein Legobauwerk errichten, und du beschließt, einen Baum zusammenzusetzen. Du greifst vielleicht nach ein paar braunen Steinen für den Stamm und die Zweige und dann nach ein paar hell- oder dunkelgrünen für die Blätter. Sagen wir, mitten in diesem Bauprozess änderst du dein Vorhaben und willst jetzt lieber einen Zaun bauen. Okay, du machst mit den braunen Steinen weiter, aber du veränderst die Form deines Bauwerks – von etwas wie einem Stamm zu langen Stangen eines Zauns – und die grünen Steine brauchst du überhaupt nicht mehr. Wenn du dann mitten in diesem Prozess beschließt, dass du eigentlich doch lieber einen Roboter bauen willst, könntest du alle braunen Steine beiseiteschieben und dir graue Steine suchen, mit denen du ganz neu anfängst.

In unseren Neuronen sind diese Mikrotubuli ständig dabei zu bauen und wieder abzureißen und zu erneuern, sich zu trennen und neu einzuordnen, sich zu verschieben und anzuhalten und wieder in Bewegung zu setzen, und das alles in Abhängigkeit von – jetzt kommt's – jedem einzelnen Gedanken, den wir denken.[56]

Bei jedem Gedanken, den wir denken, geben diese Mikrotubuli alles, um diesem Gedanken ein unterstützendes geistiges Gerüst zu geben. Dieses Gerüst gibt der ganzen Nervenzelle eine Struktur und verändert das Gehirn im wahrsten Sinne des Wortes.

Bist du schon überwältigt? Warte. Es wird noch besser.

Rate, wie lange es dauert, bis ein Mikrotubulus dieses Gerüst fertig hat, das der Zelle ihre Struktur gibt? Vom ersten Impuls bis zur Fertigstellung, was meinst du, wie lange?

Zehn Minuten.

Das denke ich mir nicht aus.

Von dem Moment, in dem du einen Gedanken denkst, bis dahin, dass dieser Gedanke dein Gehirn wissenschaftlich nachweisbar und unbezweifelbar physiologisch verändert hat, vergehen zehn Minuten.[57] Ein einziger Gedanke hat einige neuronale Kreisläufe gefördert und wieder andere zum Erliegen gebracht. Er hat einige Neuronen aufgeweckt und anderen erlaubt einzudösen. Er hat in bestimmten Bereichen deines Gehirns eine ganze Mikrotubuli-Stadt errichtet und andere Regionen zu Geisterstädten erstarren lassen.

Alles durch einen einzigen schlichten Gedanken.

Diese Information, die ich hier gerade weitergebe, kann man auf zweifache Weise betrachten. Die eine kann uns erschrecken und bekümmern: *Wenn ich nur einen negativen Gedanken denke, könnte ich dann innerhalb von nur zehn Minuten mein Gehirn ruiniert haben?*

Ich nehme an, rein technisch gesehen ist es so. Aber bevor ihr nun in eine Verzweiflungsspirale abgleitet, schauen wir uns die andere Betrachtungsweise an. Wenn negative Gedanken dir zur Gewohnheit geworden sind, dann bist du nur zehn Minuten von einem Neuanfang entfernt.

Hol dir noch einmal die Landkarte deiner Gedankenwelt hervor, die du zu Anfang dieses Buches aufgezeichnet hast. Wenn du sie heute neu zeichnen würdest, sähe sie dann noch genauso aus? Hast du bemerkt, welche Gedanken du denkst? Hast du angefangen, die automatischen Gedankenkarussells anzuhalten und dir klargemacht, dass du eine Wahl hast? Hängst du vielleicht kürzer und seltener in einer Gedankenschleife fest?

Mit jeder positiven Wahl, die wir treffen – Stille vor Gott statt Ablenkung, zum Beispiel Gemeinschaft statt Isolation, Hingabe statt Sorgen –, üben wir uns darin, von Christi Geist, der in uns wohnt, Gebrauch zu machen. Je mehr positive Entscheidungen wir treffen, umso selbstverständlicher wird uns dieser Ansatz. Wir haben gesagt, anfangs können wir umschalten, indem wir bewusst und gezielt unsere Gedankenspirale unterbrechen. Aber je mehr wir das tun, umso wahrscheinlicher und vorhersehbarer wird dieses Umschalten, bis es schließlich ganz instinktiv geschieht. Irgendwann erreichen wir einen Zustand, in dem wir nicht einmal mehr merken, dass wir aus negativen Gedankenkarussells aussteigen, um unsere Gedanken bewusst an dem Denken von Christus zu orientieren, weil der Impuls uns in Fleisch und Blut übergegangen ist.

Ich vergleiche das gerne damit, im Wald einen Pfad auszutreten. Anfangs erkennt man den Pfad nur an in den Boden getretenen Blättern und Fußspuren. Aber mit der Zeit wird der Pfad gebraucht, jemand wird Schotter auf den Pfad schütten, später gießt jemand Zement darüber und irgendwann werden Schilder und Straßenlampen am Wegesrand aufgestellt. Schließlich ist der Pfad so klar markiert, dass es sinnlos wäre, eine andere Route zu nehmen. Der Pfad ist einfach der, den man immer nimmt. Dieser Pfad hält Schritt mit dem Geist Gottes. Dieser Weg ist der Weg beständiger Hingabe. Es ist der Weg tiefer Demut. Es ist der Weg völligen Vertrauens auf Jesus, bei jedem Schritt, in jedem Augenblick.

Dass wir es einüben, in unserem Denken diesen Pfad einzuschlagen, ist entscheidend, wenn wir unter Druck stehen und in Stress geraten und leiden. Denn wir spielen nur so gut, wie wir trainiert haben.

*

Neulich habe ich vor einer ganzen Menge junger Frauen an der *Baylor University* gesprochen. Ich bin immer noch beeindruckt davon, was damals geschah. Ich hatte über Sätze von Paulus aus Römer 8,1 gesprochen: „Wer nun mit Jesus Christus verbunden ist, wird von Gott nicht mehr verurteilt." Und ich habe die Studentinnen gefragt, warum wir gebeugt leben und uns von unserer Sünde bestimmen lassen, wenn die Bibel uns doch sagt, dass wir frei sind und Gott uns nicht mehr verurteilt.

Warum leben wir nicht so, als wären wir frei?

Ich forderte die Mädchen auf, frei heraus zu sagen, womit sie gerade kämpften, und die dunkle Hölle, mit der sie sich herumplagten, ans Licht zu bringen. Zu meiner Überraschung stand eine nach der anderen auf und riefen aus, womit sie kämpften – und das mitten auf ihrem Campus.

Das ging so lange, bis alle standen. Es war berührend. Ich ließ sie kleine Gruppen bilden, in denen sie für die Dinge beten konnten, die sie davon abhielten, frei zu sein. Währenddessen fragte ich Gott, was er ihnen als Nächstes sagen wollte. In diesem Moment kam eine Studentin zu mir und sagte: „Ich glaube, sie sollten ihnen jetzt sagen, dass das alles keine Macht mehr über sie hat."

Ich reichte ihr das Mikrofon und meinte: „Sag du es ihnen."

Mit einer Stimme, die über den ganzen Campus trug, rief sie: „Unehrlichkeit hat keine Macht mehr über euch! Unehrlichkeit hat auf diesem Campus keine Macht mehr!"

Spontan bildeten sich Schlangen an beiden Seiten der Bühne, und die Mädchen erklärten nacheinander über das Mikrofon, dass ihre Sünden und ihre Verletzungen sie nicht länger beherrschten.

„Selbstmord hat keine Macht mehr über mich! Selbstmord hat auf diesem Campus keine Macht mehr!"

„Pornografie hat keine Macht mehr über mich! Pornografie hat auf diesem Campus keine Macht mehr!"

Ich habe selten etwas Vergleichbares erlebt! Nicht nur, dass diese Mädchen hier öffentlich die letzten zwei Prozent aufdeckten; sie sprachen auch dem Feind jede Macht über sich ab.

Gott kann einen Durchbruch wie diesen jederzeit und für jeden geschehen lassen.

Was ist also mit dieser Scham? Dieser Furcht? Diesem Zweifel?

Sie haben keine Macht mehr über dich!

Sie haben keine Macht mehr über unsere Generation!

Üben wir also so lange, bis wir diese Wahrheit denken.

DER GUT TRAINIERTE GEIST

Neulich habe ich mich mit einem Astronauten unterhalten. Ab und zu fliegt er einfach ins Weltall und hängt dort ab. Vermutlich stand mir vor Staunen während dieser Unterhaltung der Mund offen. Sein ganz normaler Alltag ist wirklich zu cool.

Sein Name ist Shane Kimbrough, und für mich ist an ihm das Beste, dass er Höhenangst hat. Oder dass er Höhenangst hatte.

(Habt ihr schon mal gehört, dass jemand seine Höhenangst wirklich überwunden hätte? Also, Shane ist das offenbar gelungen. Denn bei seiner letzten Weltraummission war er so entspannt, dass er noch auf der Abschussrampe eingeschlafen ist. Kein Witz. Seine Astronautenkollegen mussten in anstupsen und sagen: „Hey, Shane. Mann, wir heben gleich ab!")

Shane hat erzählt, dass er sein Leben mit drei Dingen verbringt: sich auf eine Weltraummission vorzubereiten, an einer Weltraummission teilzunehmen und nach einer Weltraummission wieder *runterzukommen*, wie er es nennt. Ich fragte, wie so eine Mission aussieht, und hier sind ein paar besondere Leckerbissen von dem, was er sagte.

Wenn du in den Weltraum geschossen wirst, wirst du in einer Kapsel angeschnallt, die mit einer Startrakete verbunden ist, die wiederum innerhalb eines Augenblicks auf 28.000 Kilometer pro Stunde beschleunigt und dich in achteinhalb Minuten ins Weltall befördert. Du kommst da an, schaust zurück und siehst die Erde in ihrer ganzen Pracht – den ganzen großen runden Erdball. Dann machst du dich an die Arbeit, zehn Tage lang für zwölf Stunden am Tag. Du sammelst Proben, führst Experimente durch, gehst spazieren – alles im All. Am Ende des Tages ziehst du dich in eine schalldichte Schlafkabine von der Größe einer Telefonzelle zurück und schnallst dich im Bett fest, damit du nicht die ganze Nacht herumschwebst. Du wirfst noch einen Blick aus dem Fenster und siehst die Ozeane, die Kontinente, den Mond und die Sterne, bevor du in den Schlaf sinkst.

Man muss wissen: Für den Körper eines Astronauten ist ein Aufenthalt im All keine Kleinigkeit: Pro Monat im All verlieren Astronauten etwa ein Prozent ihrer Knochenmasse. Aber auch für ihre Psyche ist es hart. Sie sind von Freunden und Familie und von jedem normalen irdischen Tagesablauf getrennt – tage- manchmal monatelang. Natürlich gibt es faszinierende Aspekte an ihrem Job, aber sie wissen auch, dass das Leben zu Hause ohne sie weitergeht. Sie können sich einsam fühlen und ihre emotionale Lage kann sich verdüstern.

Shane erzählte mir von einer längeren Mission im letzten Jahr, bei der er wirklich gut für seinen Geist sorgen musste. „Wir sind im September gestartet und sollten Mitte Februar wieder zu Hause sein. Ende Januar erhielt die Mannschaft beunruhigende Nachrichten von der Bodenkontrolle, die besagten, dass wir aus etlichen Gründen nicht vor April würden landen können.“

Das war etwas anderes, als eine Stunde zu spät zum Abendessen zu kommen. Er sollte zwei Monate zu spät sein.

Shane hatte sich auf zu Hause gefreut. Seine Frau und seine Kinder hatten sich auf ihn gefreut. Die gesamte Crew fieberte darauf hin, nach Hause zu kommen. Aber sie würden noch warten müssen.

„Wie hast du diese Nachricht bewältigt?“, fragte ich ihn. Seine Antwort bestand aus vier Worten, die ich nie vergessen werde.

„Ich vertraute meinem Training.“

Shane glaubte so sehr an seine Arbeit, an seinen Auftrag im Dienst der Menschheit, daran, dass die Bodenkontrolle nur das Beste für ihn im Sinn hatte, an Gottes treue Versorgung, was immer auch kommen würde, dass er in der Lage war, die Gedanken, die ihn sonst aus der Bahn geworfen hätten, zu stoppen und an nützlichere Dinge zu denken.

„Ich habe Jahre gebraucht, um zu lernen, ein guter Astronaut zu sein“, sagte er. „Ich glaubte das Beste, rief meine Frau an und machte mich daran, meine Aufgabe zu Ende zu bringen.“

„Ich vertraute meinem Training“, sagte Shane, und die Worte gingen mir tagelang nicht mehr aus dem Kopf.

*

Es ist nicht einfach, damit aufzuhören, Lügen zu glauben. Wir können uns nicht einfach zurücklehnen und darauf warten, dass unsere Gedankenwelt in Ordnung kommt, dass wir andere Gedanken denken. Wir üben es ein. Nur so erringt die Wahrheit den Sieg in der Schlacht um unsere Gedanken.

Wir stecken Tag und Nacht unsere Nase in die Bibel. Vielleicht kannst du an Tag zwei die Wahrheit noch nicht behalten, aber an Tag 102 wird sie sich deinem Herzen und deinem Kopf eingeprägt haben.

Wir wachen morgens auf, und statt zum Smartphone zu greifen, gehen wir auf die Knie und vertrauen unsere Gedanken Jesus an.

Wir investieren in gesunde Beziehungen, und wenn das Gedankenkarussell anfängt, sich zu drehen, suchen wir ganz bewusst diese Kontakte auf.

Wir wählen gut. Täglich. Von Augenblick zu Augenblick. Wir trainieren unseren Geist. Und wenn sich eine neue Versuchung aufdrängt, in die Negativspirale abzugleiten, vertrauen wir unserem Training.

DENK DARAN, WER DU WIRKLICH BIST

Meine sechzehnjährige Tochter Kate sah von ihrem Sushi-Teller hoch und sagte: „Mom, mir dreht sich der Kopf! Ich kenne die Antwort, aber du musst mich bitte noch mal erinnern: Wer, sagt Jesus, bin ich?"

Ich konnte es sehen. Sie war verzweifelt. Sie fühlte sich allein. Ihre Gedanken spielten schon eine ganze Weile verrückt und sie konnte sie nicht stoppen. Sie brauchte es, dass ich eingriff, ihr half, die Zügel zu packen und die wilde Jagd zu verlangsamen.

Ich war so beeindruckt von dieser erstaunlichen jungen Frau, die mir da gegenübersaß, dass ich irgendwie darauf zurückverfiel, in ihr mein kleines Mädchen zu sehen, das nun erwachsen war, statt eine kämpferische junge Frau, die drauf und dran war, die Welt zu verändern. „Du bist klug!", sagte ich. „Du bist leidenschaftlich. Und großzügig und kreativ und wunderbar …"

„Mom", unterbrach Kate mich. „Ich wollte nicht wissen, was du über mich sagst. Ich wollte wissen, was Jesus sagt."

Ach ja, natürlich. Richtig.

Denn alles andere ist wie das Haschen nach Wind, heißt es im Buch Prediger (Prediger 1,14).

Unsere Gedanken drehen sich im Kreis, und in ihrer Suche nach Stabilität heften sie sich oft an Lügen. Botschaften geraten durcheinander, und es fühlt sich an, als könnten wir unsere Füße nicht mehr auf den Boden der schlichten Wahrheiten darüberstellen, was es heißt, Jesus zu lieben, und was es bedeutet, von ihm geliebt zu sein.

Wenn es dir so geht wie Kate und du wieder einmal daran erinnert werden musst, wer Jesus sagt, dass du bist – darf ich dann dein Gesicht in meine Hände nehmen und dir noch einmal sagen, was er sagt – über sich selbst und über dich?

Ich bin, der ich bin. (2. Mose 3,14)

Ich bin der Anfang und das Ende.
Ich bin der Erste und der Letzte. (Offenbarung 22,13)

Ich bin Licht, in mir gibt es keine Finsternis. (1. Johannes 1,5)

Ich habe mit eigener Hand die Fundamente der Erde gelegt
und den Himmel ausgespannt.
Nur ein Wort von mir –
und alles stand an seinem Platz. (Jesaja 48,15)

Ich habe dich schon gekannt, ehe ich dich im Mutterleib bildete, und ehe du geboren wurdest, habe ich dich erwählt. (Jeremia 1,5)

Nicht ihr habt mich erwählt, sondern ich habe euch erwählt. Ich habe euch dazu bestimmt, dass ihr euch auf den Weg macht und Frucht bringt – Frucht, die bleibt. Dann wird euch der Vater alles geben, worum ihr ihn in meinem Namen bittet. (Johannes 15,16)

Ich, ich bin es, der deine Vergehen tilgt, um meinetwillen, und an deine Sünden werde ich nicht mehr denken. (Jesaja 43,25; ZB)

Allen, die mich aufnehmen und an mich glauben, gebe ich das Recht, Kinder Gottes zu werden. (Johannes 1,12)

Wisst ihr nicht, dass ihr Gottes Tempel seid und dass Gottes Geist in eurer Mitte wohnt? (1. Korinther 3,16)

Mit meinem Geist erfülle ich euch. (Hesekiel 36,27)

Der Herr verlässt dich nicht. (5. Mose 31,8)

Jesus Christus wird euch die Kraft geben, das zu tun, was Gott gefällt. (Hebräer 31,21)

Der Geist, den Gott uns gegeben hat, macht uns nicht zaghaft, sondern er erfüllt uns mit Kraft, Liebe und Besonnenheit. (2. Timotheus 1,7)

Durch dich werde ich meine Gemeinde bauen und selbst
die Macht des Todes wird sie nicht besiegen können.
(Matthäus 16,18)

Ich will euch trösten wie eine Mutter ihr Kind.
(Jesaja 66,13)

Ich werde euch erinnern: Das hier ist alles wirklich.
(Johannes 14,26)

Ich komme bald. (Offenbarung 3,11)

Meine Liebe hört niemals auf. (Psalm 138,8)

Schon bald … werde ich zurückkommen, um euch zu mir zu
holen. (Hebräer 10,37; Johannes 14,3)

Ihr werdet die Erde besitzen. (Psalm 25,13)

Ihr werdet bei mir sein. Ich werde alle Tränen von euren
Augen abwischen und der Tod wird nicht mehr sein.
Siehe, ich mache alles neu. (Offenbarung 21,3–5)

Mein Reich kommt. Mein Wille geschehe wie im Himmel so
auf Erden. (Matthäus 6,10)

Gott selbst hat diese Wahrheiten verkündet – Wahrheiten über ihn
und Wahrheiten über mich. All diese Dinge sind auch wahr für dich
und für jeden Menschen, der Jesus liebt und ihm folgt. Das ist die
Wahrheit darüber, wer wir sind – sie beruht darauf, wem wir gehören. Auf dem Boden dieser Wahrheiten treffen wir unsere Entschei-

dungen. Und unser Gott verändert sich nicht und hält immer, was er verspricht. Darum können wir auch nie enttäuscht werden und uns ihm immer voller Vertrauen zuwenden.

GEFÄHRLICHE GEDANKEN

Als mir heute bewusst wurde, dass ich kurz davor bin, dieses Buch zu beenden, habe ich ein Dutzend liebe Freunde versammelt, um für meine Leserinnen zu beten. Du und ich, wir mögen uns nie begegnet sein, aber deine Freiheit liegt mir sehr am Herzen. Ich hoffe, dass du diese Motivation zwischen den Zeilen dieses Buches lesen kannst. Ja, deine Freiheit ist mein großes Anliegen, aber ich weiß auch, dass sich die Freiheit, von der ich spreche, nur dann einstellt, wenn Gott sie bewirkt, nur durch seinen Geist und sein Eingreifen in deinem Leben.

Unabhängig von diesem Gebetstreffen erhielt ich gerade eine Nachricht von meiner Freundin Jess, die keine Ahnung hat, was bei mir gerade los ist. Sie weiß nicht, dass ich an einem Kapitel arbeite, in dem es darum geht, wie ansteckend unsere Gedanken sind, und dass wir, wenn wir gelernt haben, so zu denken wie Christus, jeden in unserem Umfeld zu beinahe unbeschreiblichem Guten anregen können. Sie weiß nichts von den Gebeten, die wir gerade sprechen, damit du wirklich frei wirst.

Sie hat ihrer Nachricht ein Bild von ihrem Vater angehängt. Er ist ein frommer Mann, ein großartiger Vater, ein treuer Ehemann. Er ist auch jemand mit einem Alkoholproblem.

Vor ein paar Monaten hat er eine Rehamaßnahme abgeschlossen. Und Leute, er kam mit einem echten Sendungsbewusstsein in die Gemeinde zurück. Nachdem seine Reha abgeschlossen war, ging er in die Klinik, aus der er gerade entlassen worden war, und bot dort Bibelabende an.

Auf dem Bild, dass Jess mir geschickt hatte, waren sechs Männer unterschiedlichen Alters und mit unterschiedlichem ethnischen Hintergrund und unterschiedlichen Interessen zu sehen. Sie saßen um einen Esstisch und strahlten um die Wette. Jess schrieb: „Mein Dad wachte am Samstagmorgen auf und hatte die Idee, seine Rehakollegen zum Abendessen einzuladen. Er und Mom haben die Einladung ausgesprochen und ein paar Stunden später waren sie alle hier. Meine Familie ist noch immer zerbrechlich, aber Begebenheiten wie diese helfen mir zu sehen, dass Gott tatsächlich Schönheit aus der Asche hervorbringt."

Nur Gott kann das Kaputteste in uns nehmen und es rund um einen Tisch mit gegrillten Hamburgern und Kartoffelsalat in triumphale Hoffnungsmomente verwandeln. Nur Gott kann das, was wir verstecken wollen, nehmen und daraus die größte Geschichte machen, die wir je erzählen werden. Nur Gott kann Menschen, auf die wir vielleicht herabgeschaut haben, zu Freunden und Mitarbeitern und Brüdern in ihm machen.

Nur Gott kann.

NUR EINS IM BLICK

Neben dem Apostel Paulus und Jesus könnte Petrus meine Lieblingsgestalt in der Bibel sein. Dass ich eine tiefe Liebe zu ihm habe, hat zwei einfache Gründe: Zunächst einmal war er ein Radikaler, einer, der mit fliegenden Fahnen zu Jesus überlief, ein Typ, der Feuer und Flamme war für Jesus. Und ich mag den Gedanken, dass ein wenig von dieser Jesus-Freak-mäßigen Leidenschaftlichkeit auch mir im Blut steckt. Und zweitens ist Petrus vielleicht vor allem dafür bekannt, dass er sich unglaubliche Patzer geleistet hat – eine Realität, die ich nachempfinden kann. Er war vielleicht ein wenig … zu selbstsicher. Man denkt unwillkürlich an eine gewisse Begebenheit, bei der er Jesus so etwas sagte wie: „Was soll das heißen, ich werde dich verleugnen? Das ist ja wohl absurd" (vgl. Matthäus 26).

Und natürlich geschah wenig später genau das: Petrus verleugnete Jesus, nicht ein- oder zweimal, sondern dreimal.

Das ist die eine Seite.

Aber dann gibt es auch diese Stellen in der Bibel, wo Petrus dieser leidenschaftliche, hingebungsvolle, treue Jünger ist, in den Jesus großes Vertrauen setzt.

Apostelgeschichte 2 berichtet davon, dass es Petrus war, der am Pfingsttag vor der Menge stand und die Wahrheit verkündete und damit Tausende dazu brachte, Christus zu folgen, und der so die Geburtsstunde der Kirche einläutete.

Aber die Szene, die mein Herz am engsten mit dem von Petrus verbindet, wird in Matthäus 14 berichtet. Unmittelbar nach der Speisung der 5000, bei der Jesus das Lunchpaket eines kleinen Jungen irgendwie so sehr vermehrt hat, dass er eine hungrige Menschenmenge damit satt bekam, lesen wir, dass Jesus seine Jünger drängt, ins Boot zu steigen und ans andere Seeufer zu fahren, während er die Leute nach Hause schickt (Matthäus 14,22). Und dann geschieht Folgendes:

Dann ging er auf einen Berg, um ungestört beten zu können. Bei Einbruch der Nacht war er immer noch dort, ganz allein. Die Jünger waren schon weit draußen auf dem See, als ein Sturm heraufzog. Der starke Gegenwind peitschte die Wellen auf und machte dem Boot schwer zu schaffen. In den frühen Morgenstunden kam Jesus über den See zu ihnen.

Als die Jünger ihn auf dem Wasser gehen sahen, waren sie zu Tode erschrocken. „Es ist ein Gespenst!", meinten sie und schrien voller Entsetzen. Aber Jesus sprach sie sofort an: „Habt keine Angst! Ich bin es doch, fürchtet euch nicht!"

Da rief Petrus: „Herr, wenn du es wirklich bist, dann befiehl mir, auf dem Wasser zu dir zu kommen."

„Komm her!", antwortete Jesus.

Petrus stieg aus dem Boot und ging Jesus auf dem Wasser entgegen. Kaum war er bei ihm, da merkte Petrus, wie heftig der Sturm um sie tobte. Er erschrak und im selben Augenblick begann er zu sinken. „Herr, hilf mir!«, schrie er.

Sofort streckte Jesus ihm die Hand entgegen, hielt ihn fest und sagte: „Vertraust du mir so wenig, Petrus? Warum hast du gezweifelt?"

Sie stiegen ins Boot und der Sturm legte sich.

Da fielen sie alle vor Jesus nieder und riefen: „Du bist wirklich der Sohn Gottes!" (Matthäus 14,23–33)

Dieses Bild von Petrus, wie er mit Baby-Schritten über diese schaumgekrönten Wellen stolpert, voll konzentriert auf das Gesicht von Christus – es geht mir nicht aus dem Kopf. Diese Szene hat Teil 2 dieses Buches inspiriert – diese Vorstellung, dass wir auf den Wellen laufen und nicht in ihnen versinken, wenn unser Blick fest auf Jesus gerichtet ist, ohne Rücksicht auf den Wind und den Regen und die Ungewissheit und die Angst.

Wenn wir von den Gedanken, die uns zerstreuen, umschalten und uns entscheiden, unsere Gedanken nur auf ihn zu richten, dann verschiebt sich alles!

Aber was Petrus auf den Wellen hielt, waren nicht seine Energie oder seine Willenskraft; es war das, was er in den Blick nahm: Jesus.

Der Feind setzt alles daran, unsere konzentrierte Ausrichtung auf Jesus zu stören. Wir gewinnen nur, wenn wir uns auf Jesus konzentrieren. Wenn wir an Christus denken, wenn wir unseren Blick auf ihn scharf stellen und uns ganz an ihn verlieren, dann wird alles andere seltsam unscharf. Aber der Feind möchte, dass wir uns auf alles andere ausrichten, nur nicht auf Jesus.

Denn wenn wir derart nur auf ihn allein ausgerichtet sind, dann sind wir gefährlich. Petrus ist das passiert. In der Zeit zwischen dieser Lektion auf dem Wasser und dem Tag, als Jesus in den Himmel zurückkehrte, sollte Petrus noch manchmal um sein Gleichgewicht kämpfen, aber es sollte dennoch die Zeit kommen, in der sein Leben seine Ausrichtung fand. Seine Verstrickung in Spiralen von Aufgeblasenheit und Ängstlichkeit sollte abnehmen und schließlich widmete er sich mit Leib und Seele seinem Auftrag.

Als er schließlich so weit war, wurde die Kirche ins Leben gerufen. Tausende Menschen kamen zum Glauben und folgten Jesus, ganze Länder wurden evangelisiert und ganze Generationen für immer verändert.

Ich ahne, was ihr jetzt denkt. Jennie, das ist ja wirklich großartig. Aber was mich betrifft – ich will einfach nur meine Sorgen und Anspannung loswerden. Ich weiß. Um sich nicht mehr so besorgt und angespannt zu fühlen, müssen wir einen Schritt tun: Wir müssen einen völlig anderen Grund finden zu leben. Wenn Christus unser Lohn und der Himmel unsere Heimat ist, werden Sorge und Anspannung nachlassen, weil wir wissen: Unseren Auftrag in diesem Leben, unsere Hoffnung und unseren Gott kann uns nichts und niemand nehmen.

DAS NEUE DENKEN

Wisst ihr, dieses Buch hat eigentlich nur eine einzige Aussage: dass unser ganzes Denken und all unsere Gedanken hineingenommen werden in Jesu Geisteshaltung. Und das ist wichtig. Denn wie wir weiter vorne gesehen haben, sind es unsere Gedanken, die bestimmen, was wir glauben, und das wiederum bestimmt unser Handeln, das wiederum unsere Gewohnheiten, die letzten Endes die Quintessenz unseres Lebens sind. Wie wir denken, so leben wir. Wenn wir an Christus denken, leben wir aus Christus als unserem Fundament, den Blick unverrückbar auf ihn gerichtet.

Wind? Was für ein Wind? Wellen? Welche Wellen? Wir steigen aus dem Boot. Wir gehen. Wir schaffen es über die aufgewühlte See. Gefängnis? Nun ja. Zumindest könnte das Wachpersonal gerettet werden. Schiffbruch? Ohhh, okay. Wie es scheint, möchte Gott mich hier haben und nicht da, wohin das Schiff unterwegs war.

Eine ganz neue Art zu denken – darauf sind wir hier aus.

Es ist mehr als ein Jahr her, seitdem ich nachts um drei unwillkommenerweise aufwachte. Ich wache immer noch manchmal mitten in der Nacht auf, aber diese Unterbrechung löst keine Gefühle von Angst und Bedrohung mehr aus. Im Gegenteil! Wenn ich jetzt frühmorgens aufwache, spüre ich Frieden. Ehrlich gesagt: Die Dinge haben sich wirklich zum Heil gewendet, denn Gott hat das, was mich in meinem Alltag erschüttert und aus der Bahn geworfen hat, genommen und zum Guten gewendet. Ich übertreibe nicht, wenn ich sage, dass der größte Teil dieses Buches zwischen drei und fünf Uhr morgens geschrieben wurde, und das über Wochen und Monate. Meine Schlaflosigkeit wurde zum Instrument einer heiligen Aufgabe. Ist das nicht wundervoll?

In der Zeit der Dunkelheit geriet ich immer wieder in mein negatives Gedankenkarussell und hatte Angst, es gäbe keinen guten

Landeplatz für mich. Ich hatte Angst, Gott gäbe es vielleicht doch nicht.

Angst, dass ich nicht sicher war.

Angst, dass ich nicht gesehen wurde.

Angst vor der Zukunft.

Diese Ängste, das sollte ich lernen, waren Betrug. Ich wurde gesehen. Ich war sicher. Gott gibt es wirklich.

Gott bleibt auch heute so erfahrbar.

Auch jetzt, während ich im Bett tippe und mein Mann neben mir schläft, der Bildschirm meines Laptops leuchtet und meine Finger zu langsam sind, um mit meinen Gedankensalven Schritt zu halten, bin ich daheim. Wieder daheim bei Gott. Er hat mich erwählt. Er hat mich erwählt und für etwas bestimmt. Ich bin nicht allein im Dunkeln.

Ich bin gekannt.
Ich bin erwählt.
Ich bin sicher.
Gott ist da.
Ich bin sein und er ist mein.

Also treffe ich in der Nacht immer wieder meine Wahl. Ich wähle das Gespräch mit Gott anstelle des Zweifels. Ich wähle Dankbarkeit für alles, was er getan hat. Ich wähle Gehorsam gegen Gott, egal, wie ich mich fühle.

Und damit gelange ich in die Aufwärtsspirale. Ich bin im Frieden. Und das wünsche ich mir so sehr auch für dich. Ich wünsche mir, dass du als befreiter Mensch lebst und andere mit Jesus bekannt machst.

DU KANNST DAZU BEITRAGEN,
DASS DER LAUF DIESER WELT SICH WENDET

Als ich neulich nachmittags nach Hause kam, stand Kate mit einem anderen Mädchen in unserer Küche.

„Mom", sagte sie, „das ist Rachel. Sie hat vor ein paar Wochen zum Glauben an Jesus gefunden, aber sie hat keine Bibel. Ich möchte ihr ein paar Dinge in meiner zeigen."

Die Mädchen verschwanden in Kates Zimmer, und nach einer guten Stunde hörte ich, wie sie über die Unterschiede zwischen Altem und Neuem Testament, Briefen und Evangelien, großen und kleinen Propheten redeten. Ich dachte daran, was meine Tochter an diesem Nachmittag sonst noch alles hätte tun können, und ich dankte Gott, dass sie gerade tat, was sie tat.

In Psalm 3,3 sagt der Psalmist, Gott sei der, der „mein Haupt erhebt", und genau dieses Bild fiel mir ein, als ich sah, wie Kate sich auf Rachel einließ. Ich kannte Rachels Hintergrund und ihre Geschichte nicht, wusste nichts davon, welche Kämpfe sie schon hatte bestehen müssen. Aber als sie mit der Bibel auf dem Schoß in Kates Zimmer auf dem Bett saß, sah ich in ihren Augen eine neue Hoffnung.

In einem Hörbuch über die Kraft der Gedanken fand ich folgenden Absatz:

Wenn du dich entscheidest, diesen negativen Gedanken nicht zu denken, sondern ihn durch einen positiven zu ersetzen, veränderst du nicht nur deine eigene Realität. Du veränderst die Realität für die gesamte Menschheit. Du vermehrst die Summe der Freundlichkeit und des Mitgefühls in der Welt. Du verstärkst dieses neue Realitätsfeld … Du hilfst, es in eine unwiderstehliche Kraft zu verwandeln, die den Lauf der Geschichte umkehrt.[58]

Mit anderen Worten: Unsere Gedanken sind infektiös.

Ganz in Jesu Geist hineingenommen zu sein, das hört nicht bei uns auf. Es ist mein Gebet für uns alle. Wenn Tausende Menschen dieses Buch lesen und anfangen, ihr Denken umzuschalten, kann die neue Weise zu denken ansteckend werden – und wir können erleben, wie eine ganze Generation befreit wird.

Ich glaube, das ist möglich. Ich bete, dass es geschieht.

Bleib dran, liebste Freundin. „Passt euch nicht den Maßstäben dieser Welt an, sondern lasst euch von Gott verändern, damit euer ganzes Denken neu ausgerichtet wird. Nur dann könnt ihr beurteilen, was Gottes Wille ist … und was ihm gefällt" (Römer 12,2).

Warum? Warum ist das so wichtig – zu beurteilen, was Gottes Wille ist? Weil es Gott nicht nur um deine Freiheit geht. Er hat das Gute, das du tun kannst, schon im Voraus vorbereitet, damit noch viele andere Menschen die Freiheit des Glaubens kennenlernen (Epheser 2,10).

Wenn wir jeden unserer Gedanken gefangen nehmen und die Lügen des Feindes aus unseren Denkmustern verbannen, werden wir dazu befreit, andere zu befreien. Mögen wir mit dieser Freiheit verantwortungsvoll umgehen.

Gott, ich bitte dich, dass du alle, die dieses Buch lesen, in die Freiheit führst. Bitte hilf uns, in deiner Kraft gegen den Todfeind, der uns vernichten will, zu kämpfen. Und hilf uns, nicht zu vergessen, dass es durch dich in unserer Macht steht, einen anderen Weg einzuschlagen als bisher.

Und dann hilf uns auch, dieses Geheimnis einer Welt zu verraten, die sich danach verzehrt, auf eine neue Weise zu denken und zu leben.

In Jesu Namen, Amen.

ANMERKUNGEN

1 Aditi Nerurkar et al., "When Physicians Counsel About Stress: Results of a National Study," JAMA Internal Medicine 173, no. 1 (January 14, 2013): 76, https://jamanetwork.com/journals/jamainternalmedicine/fullarticle/1392494.

2 Dr. Caroline Leaf, *Switch On Your Brain*: The Key to Peak Happiness, Thinking, and Health (Grand Rapids, MI: Baker, 2015), 33.

3 John Owen, *On Temptation and the Mortification of Sin in Believers* (Philadelphia: Presbyterian Board of Publication), 154.

4 Dr. Caroline Leaf, *Switch on Your Brain Every Day*: 365 Readings for Peak Happiness, Thinking, and Health (Grand Rapids, MI: Baker, 2018), Klappentext.

5 A. W. Tozer, *The Pursuit of God* (Camp Hill, PA: Christian Publications, 1982), 103.

6 Beth Moore, *Get Out of That Pit: Straight Talk About God's Deliverance* (Nashville: Thomas Nelson, 2007), 23, 49, 71.

7 „Mental Health Conditions", National Alliance on Mental Illness, www.nami.org/Learn-More/Mental-Health-Conditions.

8 Daniel J. Siegel, *Mind: A Journey to the Heart of Being Human* (New York: W. W. Norton, 2017), 179, 185, 266, www.psychalive:org/dr-daniel-siegel-neuroplasticity.

9 Raj Raghunathan, "How Negative Is Your 'Mental Chatter'?," *Psychology Today*, 10. Oktober 2013, www.psychologytoday.com/us/blog/sapient-nature/201310/how-negative-is-your-mental-chatter.

10 Barbara Bradley Hagerty, "Prayer May Reshape Your Brain . . . and Your Reality," NPR, 20. Mai 2009, www.npr.org/templates/story/story.php?storyId=104310443.

11 Sam Black, *The Porn Circuit: Understand Your Brain and Break Porn Habits in 90 Days* (Owosso, MI: Covenant Eyes, 2019), 38, www.covenanteyes.com/resources/heres-your-copy-of-the-porn-circuit.

12 Cary Barbor, "The Science of Meditation," *Psychology Today*, 1. Mai 2001, www.psychologytoday.com/us/articles/200105/the-science-meditation.

13 Alice G. Walton, "7 Ways Meditation Can Actually Change the Brain," *Forbes*, 9. Februar 2015, www.forbes.com/sites/aliceg-walton/2015/02/09/7-ways-meditation-can-actually-change-the-brain/#98deead14658.

14 Walton, „7 Ways".

15 Charles F. Stanley, "How to Meditate on Scripture," In Touch Ministries, 3. August 2015, www.intouch.org/Read/Blog/how-to-meditate-on-scripture.

16 Mehr über kognitives Umdeuten siehe Elizabeth Scott, "4 Steps to Shift Perspective and Change Everything," Verywell Mind, 28. Juni 2019, www.verywellmind.com/cognitive-reframing-for-stress-management-3144872.

17 Gedicht von Rachel Landingham, abgedruckt mit freundlicher Genehmigung der Autorin.

18 Larry Crabb, *SoulTalk: The Language God Longs for Us to Speak* (Brentwood, TN: Integrity, 2003), 138. Dt. Unter dem Titel: *SoulTalk: Die Sprache des Herzens* (Basel: fontis, 2005).

19 4. Matthew D. Lieberman, *Social: Why Our Brains Are Wired to Connect* (New York: Crown, 2013), 9.

20 Liz Miller, "Interpersonal Neurobiology: What Your Relationships Mean to Your Brain," Liz Miller Counseling, https://lizmillercounseling.com/2017/08/interpersonal-neurobiology-relationships.

21 Amy Banks, "Humans Are Hardwired for Connection? Neurobiology 101 for Parents, Educators, Practitioners and the General Public," interview, Wellesley Centers for Women, 15. September 2010, www.wcwonline.org/2010/humans-are-hardwired-for-connection-neurobiology-101-for-parents-educators-practitioners-and-the-general-public.

22 "The Science of Love: See How Social Isolation and Loneliness Can Impact Our Health," Living Love Mindfulness Medicine, 21. Februar 2017, https://livinglovecommunity.com/2017/02/21/science-love-see-social-isolation-loneliness-can-impact-health.

23 Amy Paturel, "Power in Numbers: Research Is Pinpointing the Factors That Make Group Therapy Successful," Monitor on Psychology, November 2012, www.apa.org/monitor/2012/11/power.

24 Shelley E. Taylor et al., "Biobehavioral Responses to Stress in Fe-males: Tend-and-Befriend, Not Fight-or-Flight," Psychological Re-view 107, no. 3 (2000): 418; Concordia University, "Poor Social Integration = Poor Health," EurekAlert!, 20. Januar 2015, www.eurekalert.org/pub_releases/2015-01/cu-psi012015.php.

25 Brené Brown, *Daring Greatly: How the Courage to Be Vulnerable Trans-*

forms the Way We Live, Love, Parent, and Lead (New York: Avery, 2012), 12.

26 Tim Newman, "Anxiety in the West: Is It on the Rise?," Medical News Today, September 5, 2018, www.medicalnewstoday.com/articles/322877. php.

27 Don Joseph Goewey, "85% of What We Worry About Never Happens," Don Joseph Goewey, 7. Dezember 2015, https://donjosephgoewey.com/ eighty-five-percent-of-worries-never-happen-2, unter Rückgriff auf Zahlen bei Robert L. Leahy, The Worry Cure: Seven Steps to Stop Worry from Stopping You (New York: Three Rivers, 2005), 18–19.

28 Corrie ten Boom, *Die Zuflucht* (Holzgerlingen: SCM Hänssler, 2013 und 2015), 42.

29 Brené Brown, *Daring Greatly: How the Courage to Be Vulnerable Transforms the Way We Live, Love, Parent, and Lead* (New York: Avery, 2015), 124. (Deutsche Ausgabe: Verletzlichkeit macht stark, Goldmann, 2017.)

30 Paul K. Piff et al., "Awe, the Small Self, and Prosocial Behavior," *Journal of Personality and Social Psychology* 108, Nr. 6 (2015): 883, ww.apa.org/ pubs/journals/releases/psp-pspi0000018.pdf.

31 *Oxford English Dictionary Online*, s.v. "cynic," www.oed.com.

32 Clyde Kilby, zitiert bei John Piper, *Taste and See: Savoring the Supremacy of God in All of Life* (Colorado Springs: Multnomah, 2005), 70.

33 Wenn du das Video noch nicht gesehen hast, tu's. Du wirst es nicht bereuen. "Hurricane Harvey: Man Plays Piano in Flooded Texas Home," BBC, 31. August 2017, www.bbc.com/news/av/world-us-canada-41118462/hurricane-harvey-man-plays-piano-in-flooded-texas-home.

34 Emily Perl Kingsley, "Welcome to Holland," National Down Syndrome Society, 1987, www.ndss.org/resources/a-parents-perspective. Dt. Fassung https://www.autismus-nordbaden-pfalz.de/Holland.pdf.

35 Michiel van Elk u. a., "The Neural Correlates of the Awe Experience: Reduced Default Mode Network Activity During Feelings of Awe," Human Brain Mapping, 15. August 2019, https://pure.uva.nl/ws/ files/37286954/Elk_et_al_2019_Human_Brain_Mapping.pdf.

36 Bruno Mars, "Grenade," von Bruno Mars u. a., Doo-Wops & Hooligans, © 2010, Elektra Entertainment Group.

37 Andrew Murray, *Humility: The Beauty of Holiness,* (London: James Nisbet, 1896), 7, 12, 13, 14, 68, 95. Dt. Fassung: https://glaubensstimme. de/doku.php?id=autoren:m:murray:murray-demut_der_heiligen_ kleinod_-_buch.

38 Murray, *Humility,* 47. Dt. Fassg. s. Anm. 2.

39 Carrie Steckl, "Are Compassion and Pride Mutually Exclusive?" Ameri-

can Addiction Centers Inc., www.mentalhelp.net/blogs/are-compassion-and-pride-mutually-exclusive.

40   John B. Evans, quoted in Harriet Rubin, "Success and Excess," *Fast Company*, 30. September 1998, www.fastcompany.com/35583/success-and-excess.

41   Andrew Murray, *Demut:Der Ruhm des Geschöpfs*, http://gnadenwerk.de/buecher/demut/demut.pdf, 36.

42   Charles Haddon Spurgeon, "Working Out What Is Worked In" (Predigt, Metropolitan Tabernacle, London, 12. Juli 12, 1868), Spurgeon Center, www.spurgeon.org/resource-library/sermons/working-out-what-is-worked-in#flipbook.

43   *Tyndale Bible Dictionary*, s.v. "humility," hg. Walter A. Elwell and Philip W. Comfort (Wheaton, IL: Tyndale, 2001), 618.

44   Andrew Murray, Demut:Der Ruhm des Geschöpfs, http://gnadenwerk. de/buecher/demut/demut.pdf, 61-2.

45   Alex Korb, "The Grateful Brain: The Neuroscience of Giving Thanks," *Psychology Today*, 20. November 2012, www.psychologytoday.com/us/blog/prefrontal-nudity/201211/the-grateful-brain.

46   Korb, "Grateful Brain."

47   Amy Morin, "7 Scientifically Proven Benefits of Gratitude," Psychology Today, 3. April 2015, www.psychologytoday.com/us/blog/what-mentally-strong-people-dont-do/201504/7-scientifically-proven-benefits-gratitude.

48   Apostelgeschichte 9,23.29; 13,50; 14,5.19; 15,5.39; 16,22–23.39; 17,5–7. 13–14.18; 21,27–30; 22,24–25; 23,33–27,2; 27,41–28,1; 28,3–5.14–16.

49   C. S. Lewis, *Pardon, ich bin Christ* (Gießen und Basel: Brunnen, 14. Aufl. 1999), 46.

50   D. A. Carson, *For the Love of God: A Daily Companion for Discovering the Riches of God's Word*, Bd. 2 (Wheaton, IL: Crossway Books,1999), 23. Januar".

51   Christopher Bergland, "3 Specific Ways That Helping Others Benefits Your Brain," Psychology Today, 21. Februar 2016, www.psychologytoday. com/us/blog/the-athletes-way/201602/3-specific-ways-helping-others-benefits-your-brain.

52   Janice Wood, "Having a Purpose in Life Linked to Better Sleep,"Psych Central, 8. August 2018, https://psychcentral.com/news/2017/07/09/having-a-purpose-in-life-linked-to-better-sleep/122940.html; Kashmira Gander, "People with a Sense of Purpose Live Longer, Study Suggests," Newsweek, 24. Mai 2019, https://www.newsweek.com/people-sense-purpose-live-longer-study-suggests-1433771.

53   Bergland, "3 Specific Ways."

54 James Randerson, "How Many Neurons Make a Human Brain? Billions Fewer Than We Thought," *Guardian*, 28. Februar 2012, www.theguardian.com/science/blog/2012/feb/28/how-many-neurons-human-brain.

55 Jon Lieff, "Are Microtubules the Brain of the Neuron," Searching for the Mind, 29. November 2015, http://jonlieffmd.com/blog/are-microtubules-the-brain-of-the-neuron.

56 Lieff, "Are Microtubules."

57 John McCrone, zitiert in Dawson Church, The Genie in Your Genes: *Epigenetic Medicine and the New Biology of Intention* (Santa Rosa, CA: Elite Books, 2007), 141.

58 Dawson Church, *Mind to Matter: The Astonishing Science of How Your Brain Creates Material Reality* (Carlsbad, CA: Hay, 2018), Kindle edition, Kap. 7.

Der Verlag weist ausdrücklich darauf hin, dass im Text enthaltene externe Links vom Verlag nur bis zum Zeitpunkt der Buchveröffentlichung eingesehen werden konnten. Auf spätere Veränderungen hat der Verlag keinerlei Einfluss. Eine Haftung des Verlags ist daher ausgeschlossen.

Die amerikanische Originalausgabe ist im Verlag WaterBrook, ein Imprint von Random House in der Verlagsgruppe Penguin Random House LLC erschienen unter dem Titel „Get Out Of Your Head".
© 2020 by Jennie Allen
© 2021 der deutschen Ausgabe Gerth Medien
in der SCM Verlagsgruppe GmbH
Dillerberg 1, 35614 Aßlar

Bibelzitate folgen, wo nicht anders angegeben, dem Text der Hoffnung für alle®.
© 1983, 1996, 2002 by Biblica Inc.™ Hrsg. von ‚fontis – Brunnen Basel.
Alle weiteren Rechte weltweit vorbehalten.

Weitere verwendete Bibeltexte sind wie folgt gekennzeichnet:
LU – Lutherbibel, revidierter Text 1984, durchgesehene Auflage in neuer Rechtschreibung, © 1999 Deutsche Bibelgesellschaft, Stuttgart.
MSG – The Message by Eugene H. Peterson. © 1993, 1994, 1995, 1996, 2000. NavPress Publishing Group. Alle Rechte vorbehalten. Dt. Fassung: Renate Hübsch.
NEÜ – Neue evangelistische Übersetzung, © 2019 by Karl-Heinz Vanheiden (Textstand 19.10); www.derbibelvertrauen.de
NGÜ – Bibeltext der Neuen Genfer Übersetzung – Neues Testament und Psalmen.
© 2011 Genfer Bibelgesellschaft
ZB – Zürcher Bibel © 2007 Verlag der Zürcher Bibel beim Theologischen Verlag Zürich.

1. Auflage 2021
Bestell-Nr. 817740
ISBN 978-3-95734-740-4

Umschlaggestaltung: Kathrin Steigerwald / www.kathrinsteigerwald.de
Umschlagmotiv: shipiolik / Adobe Stock
Satz: Uhl + Massopust, Aalen
Übersetzung: Renate Hübsch
Druck und Verarbeitung: GGP Media GmbH, Pößneck
Printed in Germany

www.gerth.de